Über dieses Buch Freud hat eine Reihe von substantiellen Essays hinterlassen, in denen er die Hauptzüge seiner sich ständig differenzierenden psychoanalytischen Methode sowie Regeln bzw. Empfehlungen hinsichtlich des therapeutischen Umgangs mit Patienten beschrieb. Um nur einige der Themen zu nennen: die Einladung an den Analysanden zur *freien Assoziation*, die Verpflichtung des Analytikers, mit *gleichschwebender Aufmerksamkeit*, also gleichfalls ohne zensurierende Vorgaben und Erwartungen, zuzuhören, das *Couch*-Arrangement, d. h. in entspannter Körperlage die Hörbeziehung und die *Sprache* ins Zentrum des therapeutischen Geschehens zu rücken, aus den in der Intimität der analytischen Situation sich entfaltenden *Übertragungen* und *Widerständen* die Frühgeschichte des Analysanden zu rekonstruieren und seinem Ich durch Bewußtmachen von Unbewußtem zu größerer Freiheit zu verhelfen.

Heute, da es kaum noch eine psychotherapeutische Richtung gibt, die sich nicht das eine oder andere Element der psychoanalytischen Methode angeeignet hätte, ist die Radikalität kaum noch nachzuvollziehen, mit der Freud seinerzeit das herkömmliche autoritäre Arzt-Patient-Verhältnis revolutioniert, Authentizität und Autonomie des leidenden Menschen geachtet hat und dabei zugleich ein einzigartiges Forschungsinstrument für das Studium des unbewußten Seelenlebens gewann. Wer die in diesem Band gesammelte Schriften liest, wird sich aber zumindest von Komplexität und Schönheit der psychoanalytischen Methode überzeugen können.

In seiner Einleitung beschreibt Hermann Argelander deren Entstehung und Wesen in origineller Weise und zeigt, daß Freuds Konzepte und Regeln die Eckpfeiler noch der modernen psychoanalytischen Behandlungstechnik bilden, sosehr sich diese auch weiterentwickelt hat – etwa im Hinblick auf Erforschung und Nutzung der Gegenübertragung oder mit Rücksicht auf früher als analytisch nicht behandelbar geltende Krankheitsbilder wie Psychosen, narzißtische und Borderline-Störungen, Psychosomatosen.

Der Autor Sigmund Freud, geboren 1856 in Freiberg (Mähren); Studium an der Wiener medizinischen Fakultät; 1885/86 Studienaufenthalt in Paris, unter dem Einfluß von J.-M. Charcot Hinwendung zur Psychopathologie; danach in der Privatpraxis Beschäftigung mit Hysterie und anderen Neurosenformen; Begründung und Fortentwicklung der Psychoanalyse als eigener Behandlungs- und Forschungsmethode sowie als allgemeiner, auch die Phänomene des normalen Seelenlebens umfassender Psychologie; 1938 Emigration nach London; 1939 Tod.

Der Verfasser der Einleitung Prof. Dr. med. Hermann Argelander, Lehranalytiker der Deutschen Psychoanalytischen Vereinigung, seit 1959 wissenschaftliches Mitglied am Sigmund Freud-Institut, Frankfurt, und seit 1977 Professor für Psychoanalyse an der Frankfurter Universität, 1985 emeritiert. Verstorben 2004. Zahlreiche Veröffentlichungen über Praxis und Theorie der Psychoanalyse; deren methodische Seite steht direkt oder indirekt im Mittelpunkt aller seiner Arbeiten.

Unsere Adresse im Internet: www.fischerverlag.de

SIGMUND FREUD

Zur Dynamik der Übertragung

Behandlungstechnische Schriften

Einleitung
von Hermann Argelander

FISCHER TASCHENBUCH VERLAG

Dritte, unveränderte Auflage: April 2006

Veröffentlicht im Fischer Taschenbuch Verlag,
einem Unternehmen der S. Fischer Verlag GmbH,
Frankfurt am Main, Februar 1992

Für diese Ausgabe:
© Fischer Taschenbuch Verlag GmbH, Frankfurt am Main, 1992
Für die Texte Sigmund Freuds:
Lizenzausgabe der S. Fischer Verlag GmbH, Frankfurt am Main,
mit Genehmigung von Sigmund Freud Copyrights, Colchester,
Copyright under the Berne Convention, 1943, 1946, 1950
Imago Publishing Co., Ltd. London
All rights reserved
Gesamtherstellung: Clausen & Bosse, Leck
Printed in Germany
ISBN-13: 978-3-596-10445-1
ISBN-10: 3-596-10445-9

INHALT

Einleitung. Von Hermann Argelander 7

Die Handhabung der Traumdeutung in der
Psychoanalyse (1911) 29

Zur Dynamik der Übertragung (1912) 37

Ratschläge für den Arzt bei der psychoanalytischen
Behandlung (1912) 49

Zur Einleitung der Behandlung (Weitere Ratschläge zur
Technik der Psychoanalyse, I) (1913) 61

Erinnern, Wiederholen und Durcharbeiten (Weitere
Ratschläge zur Technik der Psychoanalyse, II) (1914) 85

Bemerkungen über die Übertragungsliebe (Weitere
Ratschläge zur Technik der Psychoanalyse, III) (1915) . . . 97

Konstruktionen in der Analyse (1937) 113

Die endliche und die unendliche Analyse (1937) 129

Anhang

Editorisch-bibliographische Notiz 171
Sigmund Freud – Werke im Taschenbuch (Gesamtübersicht) . 175

EINLEITUNG

Von Hermann Argelander

Freud hatte in seinem Eröffnungsvortrag auf dem psychoanalytischen Kongreß in Nürnberg 1910 seinen Entschluß angekündigt, eine allgemeine Methodik der Psychoanalyse vorzulegen.[1] Diese Absicht ist aber niemals verwirklicht worden. Trotz vieler weiterer verdienstvoller Bemühungen psychoanalytischer Autoren vermissen wir bis zum heutigen Tag ein solches abschließend umfassendes und systematisches Werk über die psychoanalytische Methode. Statt dessen veröffentlichte Freud einige Jahre später seine sechs Schriften zur Behandlungstechnik (1911–1915), die in diesem Band enthalten sind. In diesen Schriften finden sich einige Hinweise, die uns erklären können, was für Freud und alle seine Nachfolger der Verwirklichung dieser Absicht im Wege stand.

Freud beginnt seine Arbeit ›Zur Einleitung der Behandlung‹ (1913) mit einem Vergleich: »Wer das edle Schachspiel aus Büchern erlernen will, der wird bald erfahren, daß nur die Eröffnungen und Endspiele eine erschöpfende systematische Darstellung gestatten, während die unübersehbare Mannigfaltigkeit der nach der Eröffnung beginnenden Spiele sich einer solchen versagt.«[2] Einige Zeilen später faßt er dieses Problem in einer Erklärung zusammen: »Die außerordentliche Verschiedenheit der in Betracht kommenden psychischen Konstellationen, die Plastizität aller seelischen Vorgänge und der Reichtum an determinierenden Faktoren widersetzen sich auch einer Mechanisierung der Technik [...].«[3] Der Gegenstand der psychoanalytischen Methode erweist sich also als äußerst komplex und in seinen methodischen Entwicklungsschritten schwer überschaubar und erklärbar.

Auf eine weitere Schwierigkeit weist Freud in seinen ›Ratschlägen

---

[1] S. Freud, ›Die zukünftigen Chancen der psychoanalytischen Therapie‹, in: ders., *Gesammelte Werke*, Bd. 8, London 1945, S. 105.
[2] Unten, S. 63.
[3] Ibid.

Einleitung

für den Arzt bei der psychoanalytischen Behandlung‹ (1912) hin. Er unterscheidet dort zwei Einstellungen beim Psychoanalytiker, die er mit zwei Begriffen kennzeichnet: das Analysieren und die synthetische Denkarbeit. Das Analysieren ist die Einstellung bei der Ausübung der psychoanalytischen Methode, während die synthetische Denkarbeit zur wissenschaftlichen Aufarbeitung der mit der Methode gewonnenen Forschungsergebnisse benötigt wird. Freud warnt vor einer Vermischung dieser beiden Einstellungen, weil sie den Behandlungserfolg gefährden und damit zwangsläufig auch die Forschungsergebnisse verkürzen kann. Abschließend trifft er eine bemerkenswerte Feststellung, die ihre Gültigkeit bis heute nicht verloren hat: »Die Unterscheidung der beiden Einstellungen würde bedeutungslos, wenn wir bereits im Besitze aller oder doch der wesentlichen Erkenntnisse über die Psychologie des Unbewußten und über die Struktur der Neurosen wären, die wir aus der psychoanalytischen Arbeit gewinnen können. Gegenwärtig sind wir von diesem Ziele noch weit entfernt und dürfen uns die Wege nicht verschließen, um das bisher Erkannte nachzuprüfen und Neues dazu zu finden.«[4]

Anläßlich der Eröffnung des fünften Internationalen Psychoanalytischen Kongresses in Budapest (1918) begann Freud seine Ansprache mit einer ähnlichen Feststellung: »Sie wissen, wir waren nie stolz auf die Vollständigkeit und Abgeschlossenheit unseres Wissens und Könnens; wir sind, wie früher so auch jetzt, immer bereit, die Unvollkommenheiten unserer Erkenntnis zuzugeben, Neues dazuzulernen und an unserem Vorgehen abzuändern, was sich durch Besseres ersetzen läßt.«[5]

Der Leser, der sich mit den Schriften zur Behandlungstechnik beschäftigen will, muß deshalb wissen, daß die psychoanalytische Methode, genau wie alle anderen Methoden in der Medizin, der Erziehung, der Rechtsprechung usw., die sich unmittelbar mit dem Menschen befassen, aus einer tradierten Erfahrung schöpft und ihr Vorgehen nicht aus einem sicheren umfassenden Wissen über den Menschen ableiten kann. Würden wir über ein solches Wissen ver-

---

4 Unten, S. 54.
5 S. Freud, ›Wege der psychoanalytischen Therapie‹, in: ders., *Gesammelte Werke*, Bd. 12, London 1947, S. 183–194, das Zitat S. 183.

Einleitung

fügen, dann könnten wir vielleicht auf die vorhandenen komplizierten Methoden verzichten, die eine lange Ausbildung, reiche Erfahrung und persönliche Begabung zur Voraussetzung haben.
Aus diesem Grunde bleibt die psychoanalytische Methode, deren Erkenntnisse unser Wissen über den Menschen vermehren sollen, als Forschungs- und Behandlungsmethode unersetzlich. Andererseits scheint mir die Frage berechtigt, warum diese Feststellung noch in einer Zeit gelten soll, in der eine Wissensexplosion auch im Bereich der Humanwissenschaften stattgefunden hat. Deshalb möchte ich versuchen, diese Frage aus den Erfahrungen der Psychoanalyse zu beantworten, und auf diesem Wege die Besonderheiten ansprechen, die die psychoanalytische Methode charakterisieren.

Am Anfang der psychoanalytischen Erfahrung stand eine ärztliche Praxis, deren Erkenntnisse einen unübersehbaren Einfluß auf die psychoanalytische Methode und auf das Menschenbild, das ihr zugrunde liegt, ausgeübt haben. Es handelt sich um die Praxis der Hypnose, die Freud nicht nur aus eigener Erfahrung kannte, sondern die er in Frankreich (1885/86) bei Charcot und (1889) bei Bernheim und Liébeault eingehend studiert und mit der er sich auch durch seine Übersetzungen aus dem Französischen und durch eigene Beiträge vertraut gemacht hatte.[6] Ich möchte diese Erfahrungen in fünf Punkten zusammenfassen.
Der Hypnotisierte ist in der Lage, eine innere Wirklichkeit zu gestalten, die er mit allen seinen Sinnen erleben kann. Allen Menschen ist diese Tatsache aus ihren eigenen Träumen bekannt. Deshalb ist es

---

6 S. Freud, Übersetzung mit ›Vorrede des Übersetzers‹ und zusätzlichen Fußnoten von: Hippolyte Bernheim, *De la suggestion et de ses applications à la thérapeutique* (Paris 1886), unter dem Titel *Die Suggestion und ihre Heilwirkung*, Wien 1888–89. – Besprechung von: Auguste Forel, *Der Hypnotismus* (Stuttgart 1889), in: *Wiener medizinische Wochenschrift*, Bd. 39 (1889), Sp. 1097–1100 und 1892–1896. – Signierter Artikel ›Hypnose‹ in: Anton Bum, *Therapeutisches Lexikon* (Wien 1891), wiederabgedruckt in: S. Freud, *Gesammelte Werke*, Nachtr., Frankfurt am Main 1987, S. 141–150. – Übersetzung von: H. Bernheim, *Hypnotisme, suggestion et psychothérapie, études nouvelles* (Paris 1891), unter dem Titel *Neue Studien über Hypnotismus, Suggestion und Psychotherapie*, Leipzig und Wien 1892.

Einleitung

kein Zufall, daß sich Freud in diesem Zusammenhang auch mit den Träumen beschäftigt und das erste umfassende wissenschaftliche Werk über den Traum geschrieben hat.[7]
Dieses unmittelbare Erlebnis einer inneren Wirklichkeit ist in beiden Fällen offenbar an eine vollkommene körperliche Entspannung gebunden, bei der das Gefühl für die Körperlichkeit und ihre Grenzen mehr oder weniger verlorengeht. Eine ähnliche Beobachtung gewinnt heute zunehmend an Bedeutung durch die Berichte von Personen, die an der Schwelle des Todes gestanden haben. In diesem Sinne ist es absolut folgerichtig, wenn Freud zugibt: »Ich halte an dem Rate fest, den Kranken auf einem Ruhebett lagern zu lassen, während man hinter ihm, von ihm ungesehen, Platz nimmt. Diese Veranstaltung hat einen historischen Sinn, sie ist der Rest der hypnotischen Behandlung, aus welcher sich die Psychoanalyse entwickelt hat. Sie verdient aber aus mehrfachen Gründen festgehalten zu werden.«[8] Die persönlichen Gründe, die Freud in diesem Zusammenhang ausführt, beziehen sich aber nur auf das »Nichtgesehenwerden«, das ebenfalls einen wichtigen Bezug zur Hypnose hat, genauso wie das körperliche Moment der Entspannung im Liegen. Obwohl die psychoanalytische Methode nicht mehr den Ehrgeiz hat, wie zur damaligen Zeit die Hypnose, den Patienten seine innere Wirklichkeit halluzinatorisch erleben zu lassen, scheinen mir diese beiden Momente der körperlichen Entspannung und des Nichtgesehenwerdens von einer immer noch nicht genügend gewürdigten grundsätzlichen Bedeutung für die psychoanalytische Methode zu sein, denn dieser »regressive« körperliche Zustand bildet einen Kontrast zu jenem geistigen Zustand, in dem die sprachliche Kommunikation die Erkenntnisse vermittelt, die die psychoanalytische Methode für sich beansprucht.
In seiner Arbeit ›Psychische Behandlung (Seelenbehandlung)‹ (1890)[9] geht Freud weiter auf Fragen ein, die mit der Hypnose verbunden sind. »Das bedeutsamste aber und das für uns wichtigste

---

7 S. Freud, *Die Traumdeutung* (Wien 1900), in: ders.: *Gesammelte Werke*, Bd. 2/3, London 1942, S. V–XV, 1–642; und *Über den Traum* (Wiesbaden 1901), in: S. Freud, *Gesammelte Werke*, Bd. 2/3, a. a. O., S. 643–700.
8 Unten, S. 74.
9 In: S. Freud, *Gesammelte Werke*, Bd. 5, London 1942, S. 287–315.

Einleitung

Zeichen der Hypnose liegt in dem Benehmen des Hypnotisierten gegen seinen Hypnotiseur. Während der Hypnotisierte sich gegen die Außenwelt sonst verhält wie ein Schlafender, also sich mit allen seinen Sinnen von ihr abgewendet hat, ist er *wach* für die Person, die ihn in Hypnose versetzt hat«, – und dann macht Freud einen interessanten Zusatz: »hört und sieht nur diese, versteht sie und gibt ihr Antwort.«[10] Damit verweist Freud auf eine ungewöhnliche Beziehung, die, trotz des hypnotischen Zustandes der Abwendung von der Außenwelt, als Hörbeziehung – auch Rapport genannt – zwischen beiden Personen erhalten bleibt. Wenn Freud dabei das Sehen ernsthaft einbezieht, kann es sich nur um die abgeschwächte Form einer halluzinatorischen Komponente handeln. Diese ungewöhnliche Beziehungskonstellation spielt bei der psychoanalytischen Methode eine zentrale Rolle als Vermittler zwischen der realen Außenwelt und der sich unter ihrem Einfluß entfaltenden inneren Welt. Das Medium dieser Vermittlung ist die Sprache.

Beeindruckt von der »hypnotischen Gefügigkeit«, spricht Freud vom Zauber des Wortes, »eine solche Gläubigkeit, wie sie der Hypnotisierte für seinen Hypnotiseur bereit hat, findet sich außer der Hypnose im wirklichen Leben nur *beim Kinde gegen die geliebten Eltern*, und eine derartige Einstellung des eigenen Seelenlebens auf das einer anderen Person mit ähnlicher Unterwerfung hat ein einziges, aber dann vollwertiges Gegenstück in manchen *Liebesverhältnissen* mit voller Hingebung.«[11] »Die Vorstellung, die der Hypnotiseur dem Hypnotisierten durch das Wort gegeben hat, hat genau jenes seelisch-körperliche Verhalten bei ihm hervorgerufen, das ihrem Inhalt entspricht. Darin liegt einerseits Gehorsam, anderseits aber Steigerung des körperlichen Einflusses einer Idee. Das Wort ist hier wirklich wieder zum Zauber geworden.«[12] Die Hörbeziehung der Hypnose, deren Einfluß Freud mit dem der Liebesbeziehung vergleicht, haftet aber noch am Begriff des *Wortes* im Sinne der Suggestion.

In der weiteren Entwicklung der Methode erhält die *Sprache* den ihr

---

10 Ibid., S. 305 f.
11 Ibid., S. 307.
12 Ibid., S. 306.

Einleitung

zustehenden Platz, auch wenn die *Sprache der Beziehung* über das gesprochene Wort hinausreicht, weil die Beziehung situatives Geschehen inszeniert, in das die beteiligten Personen gefühlsmäßig verstrickt sind. Wie diese Beteiligung in Körpersprache, Affekten oder in nachfolgenden nächtlichen Traumszenerien, mit deren Bedeutung die Psychoanalyse umgeht, ihren adäquaten Ausdruck findet, bleibt immer noch rätselhaft, denn die Forschungen z. B. in der Psychosomatik, der Affektlehre und des nächtlichen Träumens lassen zu viele Fragen offen.

Freud stellt dazu ernüchternd fest: »Bei den tiefsten Hypnosen fehlt dann die Erinnerung für alles, was während der Hypnose unter dem Einfluß des Hypnotiseurs erlebt wurde. Dieses Stück Seelenleben bleibt gleichsam abgesondert von dem sonstigen.«[13] Also eine Erinnerungslosigkeit, die wir alle wiederum kennen, wenn wir aus tiefem Schlaf in die äußere Wirklichkeit zurückkehren; denn die moderne Schlafforschung hat uns inzwischen darüber belehrt, daß wir in jeder Nacht mehrmals in verschiedene Schlaftiefen fallen und regelmäßig in ihnen träumen.

Das Moment der *Amnesie* für die Erlebnisse der inneren Welt finden wir wieder in der Schwierigkeit, uns an unsere frühe Kindheit zu erinnern, eine Welt, in der die unmittelbaren Beziehungspersonen mit ihrem Einfluß eine größere Rolle spielen als die Gegebenheiten der realen Umwelt, in die wir erst langsam hineinwachsen müssen. Die Möglichkeit, einen Zugang zu diesem »abgesonderten« Seelenleben mit Hilfe der Regression zu finden, ist zum wesentlichen Merkmal der psychoanalytischen Methode geworden, auch wenn die Wiederbelebung über »Konstruktionen« verläuft und sich nur an Erinnerungsresten oder »Deckerinnerungen« orientieren kann. Da die heutigen Psychoanalytiker im allgemeinen nicht mehr über persönliche Erfahrungen mit der Hypnose verfügen, ist es notwendig, an diese Anfangserfahrungen der Psychoanalyse zu erinnern. »Der wissenschaftliche Gewinn, den die Bekanntschaft mit den hypnotischen Tatsachen Ärzten und Seelenforschern gebracht hat, kann nicht leicht überschätzt werden.«[14] Was Freud mit Recht als

---

13 Ibid., S. 308.
14 Ibid., S. 309.

Einleitung

hypnotische Tatsachen bezeichnete, ist zu einem Fundament geworden, auf dem er die psychoanalytische Praxis und Theorie errichtet hat.
Das Bild vom Menschen, das die hypnotische Erfahrung vermittelt, besteht – analog den beiden Wirklichkeiten, in denen der Mensch lebt – aus einem äußeren Erscheinungsbild, mit dem er sich in der äußeren Wirklichkeit bewegt, und einem abgesonderten inneren, das mit Hilfe der Hypnose erforscht werden sollte. Die Grenzen, die einem solchen Versuch gesetzt sind und die letztlich zur Abkehr der Psychoanalyse von dieser Methode geführt haben, zeigt Freud ebenfalls in der erwähnten Arbeit auf: »Es bedarf dann noch immer eines Kampfes, und der Ausgang ist sehr häufig ungewiß.«[15] Deshalb »kann man einen Widerstand bei dem Hypnotisierten bemerken, der selbst so weit gehen kann, daß er der Suggestion den Gehorsam verweigert«.[16]
Die Konfrontation mit dieser Erkenntnis eines unvermeidlichen Machtkampfes hat zu einer völlig neuartigen und bis zu diesem Zeitpunkt einzigartigen methodischen Einstellung des Behandlers geführt.
Der Respekt vor dem offensichtlich begründeten Widerstand, dessen Quellen freilich zunächst unbekannt sind, zwingt den Behandler in die Rolle eines auf seine Chance geduldig Wartenden, der erst langsam und oft nach mühevollen Erfahrungen die Bedingungen herausfinden muß[17], um das bisher Unbekannte zu verstehen und im Erkenntnisaustausch mit seinem Patienten für die Behandlung fruchtbar zu machen. Die daraus erwachsende Forschungsmethode

---

15 Ibid., S. 314.
16 Ibid., S. 313.
17 Einen ähnlichen Weg hat meines Erachtens viel später Konrad Lorenz, der Begründer der vergleichenden Verhaltensforschung, beschritten, als er seine Erfahrungen mit dem Gänsekind »Martina« machte (*Er redete mit dem Vieh, den Vögeln und den Fischen*, Deutscher Taschenbuch Verlag, München 1964, S. 84). Wie ich von einem seiner ehemaligen Mitarbeiter erfuhr, wurden die Fähigkeiten seiner wissenschaftlichen Mitarbeiter in erster Linie danach bemessen, wie sie mit der Forschungsmethode umgehen, d. h. wie erfolgreich sie sich von Graugänsen prägen lassen konnten. Bei den Psychoanalytikern ist es nicht anders.

orientiert sich nicht mehr allein an dem bereits vorhandenen Wissen des Behandlers, sondern beachtet zusätzlich die alleinige Authentizität des Patienten, womit sie sich der Eigenart des zu erforschenden Gegenstandes anpaßt.
In der ersten von Freuds sechs klassischen Schriften zur Behandlungstechnik hat sich diese methodische Einstellung bereits vollzogen: »Ich weiß, daß es nicht nur für den Analysierten, sondern auch für den Arzt eine starke Zumutung ist, die bewußten Zielvorstellungen bei der Behandlung aufzugeben und sich ganz einer Leitung zu überlassen, die uns doch immer wieder als ›zufällig‹ erscheint.«[18]
Ich fasse die Punkte, die die Entwicklung der psychoanalytischen Methode beeinflußt haben, noch einmal zusammen:

Das Vorhandensein einer inneren Welt, die unter bestimmten extremen Bedingungen mit allen Sinnen als eine Wirklichkeit erlebt werden kann.
Die besondere Rolle, die eine Beziehungsperson in der Vermittlung dieser beiden Welten – der inneren, realitätsabgewandten und der äußeren, realitätszugewandten – spielen kann.
Die Vermittlung durch das Medium Sprache, die in erster Linie als Hörbeziehung erfolgt.
Die Absonderung der inneren Welt durch eine Erinnerungsschranke und der Widerstand, der auftritt, wenn ein Zugang zu ihr gesucht werden soll.

Daraus ergeben sich Folgerungen für die psychoanalytische Methode:
Eine dieser Konsequenzen ist besonders gut an der veränderten Handhabung der Traumdeutung zu beobachten, und deshalb befaßt sich die erste der sechs Schriften mit diesem Thema. Während der herkömmliche Traumdeuter seinen Blick auf die Inhalte des Traumerlebens, d. h. auf die innere Welt richtete, zielt die Blickrichtung jetzt auf etwas Vordergründiges, das Freud die »psychische Oberfläche« nennt. Es geht um den Kontakt mit der gegenwärtigen Aktualität des Patienten, um sich darüber zu orientieren, »welche Komplexe und welche Widerstände derzeit bei ihm rege gemacht

---

18 ›Die Handhabung der Traumdeutung in der Psychoanalyse‹, unten, S. 34.

Einleitung

sind und welche bewußte Reaktion dagegen sein Benehmen leiten wird«.[19] Die psychische Oberfläche spiegelt das Ergebnis des Kampfes zwischen den aktualisierten inneren Regungen mit dem Widerstand wider und findet im Benehmen des Patienten seinen eigenen adäquaten Ausdruck. Der Blick richtet sich damit auf das gegenwärtige Gesamtverhalten des Patienten, in das der Traumbericht eingebettet ist. Bereits 1905 hatte Freud diesen Begriff der psychischen Oberfläche eingeführt: »Ich lasse nun den Kranken selbst das Thema der täglichen Arbeit bestimmen und gehe also von der jeweiligen Oberfläche aus, welche das Unbewußte in ihm seiner Aufmerksamkeit entgegenbringt.«[20]
Die psychische Oberfläche ist also das Resultat einer inneren Auseinandersetzung mit den aktuellen Gegebenheiten der analytischen Situation, an der die Eigenart des Patienten zum Ausdruck kommt. Die Regel, mit der man diese psychische Oberfläche in Erscheinung treten läßt, wurde von Freud 1924 beschrieben: »[...] er verpflichtete die Kranken dazu, auf alles bewußte Nachdenken zu verzichten und sich in ruhiger Konzentration der Verfolgung ihrer spontanen (ungewollten) Einfälle hinzugeben (›die Oberfläche ihres Bewußtseins abzutasten‹).«[21]
Mit dieser grundsätzlich neuen Einstellung wurde die analytische Arbeit nicht einfacher, »der unschätzbare Gewinn war aber, daß man Einblick in ein Kräftespiel gewann, welches dem Beobachter durch den hypnotischen Zustand verhüllt worden war«[22].
Das Kräftespiel wird in der nächsten Arbeit, ›Zur Dynamik der Übertragung‹ (1912), weiter ausgeführt. Freud geht darin von der Vorstellung aus, »daß jeder Mensch durch das Zusammenwirken von mitgebrachter Anlage und von Einwirkungen auf ihn während seiner Kinderjahre eine bestimmte Eigenart erworben hat«[23]. Der Mensch wird in seiner Kindheit geprägt; Freud spricht von einem

---

19 Unten, S. 32.
20 S. Freud, ›Bruchstück einer Hysterie-Analyse‹, in: ders., *Gesammelte Werke*, Bd. 5, a. a. O., S. 161–286, das Zitat S. 169.
21 S. Freud, ›Kurzer Abriß der Psychoanalyse‹, in: ders., *Gesammelte Werke*, Bd. 13, London 1940, S. 405–427, das Zitat S. 410.
22 Ibid., S. 411.
23 Unten, S. 39.

Einleitung

Klischee, »welches im Laufe des Lebens regelmäßig wiederholt, neu abgedruckt wird, insoweit die äußeren Umstände und die Natur der zugänglichen Liebesobjekte es gestatten«[24]. Es sind also zwei Bedingungen, die eine solche Wiederholung – unter anderem in der psychoanalytischen Behandlung – möglich machen: die äußeren Bedingungen und die Natur der zugänglichen Liebesobjekte. Zu den äußeren Bedingungen gehört von seiten des Patienten die Bereitschaft zur Mitarbeit in einer Beziehung, die auf Vertrauen gegründet ist, und von seiten des Analytikers die Fähigkeit, die eigenen Belange zugunsten jener des Patienten zurückzustellen, diesen als den Mittelpunkt der Beziehung zu betrachten – zwei Momente, die auch für die Eltern-Kind-Beziehung wesentlich sind.

Die methodische Bedeutung, die das Einstellen auf dieses »Klischee« besitzt, wird aus den weiteren Ausführungen Freuds ersichtlich: »Unsere Erfahrungen haben nun ergeben, daß von diesen das Liebesleben bestimmenden Regungen nur ein Teil die volle psychische Entwicklung durchgemacht hat; dieser Anteil ist der Realität zugewendet, steht der bewußten Persönlichkeit zur Verfügung und macht ein Stück von ihr aus. Ein anderer Teil dieser libidinösen Regungen ist in der Entwicklung aufgehalten worden, er ist von der bewußten Persönlichkeit wie von der Realität abgehalten, durfte sich entweder nur in der Phantasie ausbreiten oder ist gänzlich im Unbewußten verblieben, so daß er dem Bewußtsein der Persönlichkeit unbekannt ist.«[25] Diese Anteile werden in der Beziehung, nach der »Natur« des Analytikers als Übertragung mobilisiert und inszenieren gemeinsam mit der anwesenden Person die Rollenkonflikte vergangener Zeiten. Die Übertragung ist nach den Worten Freuds »der mächtigste Hebel des Erfolgs«, aber auch gleichzeitig »das stärkste Mittel des Widerstandes«[26].

In diesem Kräftespiel der Beziehung, in das der Analytiker eingebunden ist, fällt ihm wieder die Rolle des Vermittlers zu, wenn er die eigene Beteiligung und oft auch die persönliche Betroffenheit für die Belange des Patienten fruchtbar machen kann.

---

24 Unten, S. 40.
25 Ibid.
26 Unten, S. 41.

Einleitung

Diese Aufgabe wird erschwert, weil er bereit sein muß, sich einer »negativen Übertragung«, der Übertragung feindseliger Gefühle, auszusetzen. Freud unterscheidet in dieser Arbeit zum ersten Mal zwischen einer »positiven« und einer »negativen« Übertragung. Die negative Übertragung kann sich bis zu den Grenzen der persönlichen Belastbarkeit des Analytikers steigern, denn sie bemächtigt sich der »Natur des zugänglichen Liebesobjektes«. Einen solchen Bemächtigungsvorgang schildert Freud sehr anschaulich in seiner Falldarstellung der Frau Cäcilie M. (am Ende der Krankengeschichte der Elisabeth v. R.) in den *Studien über Hysterie* (1895): »Sie klagte mir damals, sie werde durch die Halluzination belästigt, daß ihre beiden Ärzte – Breuer und ich – im Garten an zwei nahen Bäumen aufgehängt wären. Die Halluzination verschwand, nachdem die Analyse folgenden Hergang aufgedeckt hatte: Abends vorher war sie von Breuer mit der Bitte um ein bestimmtes Medikament abgewiesen worden, sie setzte dann ihre Hoffnung auf mich, fand mich aber ebenso hartherzig.«[27] Diese Kleinigkeiten, die oft gar nichts mit der Person des Analytikers, sondern eher etwas mit seiner verantwortlichen Rolle zu tun haben, können zum Anlaß dramatischer Entwicklungen der negativen Übertragung werden. Es ist deshalb nicht leicht, die Belange eines Patienten in den Mittelpunkt der Bemühungen zu stellen und gleichzeitig die Verantwortung für die notwendigen Versagungen und das Einhalten von Grenzen zu übernehmen. Der Analysierte wird »aus seinen realen Beziehungen zum Arzte herausgeschleudert [...], sobald er unter die Herrschaft eines ausgiebigen Übertragungswiderstandes gerät«, denn die »unbewußten Regungen wollen nicht erinnert werden, wie die Kur es wünscht, sondern sie streben danach, sich zu reproduzieren, entsprechend der Zeitlosigkeit und der Halluzinationsfähigkeit des Unbewußten«.[28] Freud leitet diesen Gedanken mit der Bemerkung ein: »Wer sich den richtigen Eindruck davon geholt hat [...]«[29] Er spielt damit wie-

---

27 S. Freud (zusammen mit Josef Breuer), *Studien über Hysterie* (Wien 1895); Freuds Texte in: S. Freud, *Gesammelte Werke*, Bd. 1, S. 75–312, das Zitat S. 251, Anm. (Fischer Taschenbuch Nr. 10446, S. 202, Anm.).
28 Unten, S. 47 f.
29 Unten, S. 47.

Einleitung

der auf Erfahrungen an, die jeder Analytiker bei der Anwendung der Methode machen muß. Die gleichen Erfahrungen, die ebenfalls oft bis an die Grenzen der persönlichen Belastbarkeit gehen, macht auch jeder, der sich der verantwortungsvollen Aufgabe stellt, eigene Kinder zu erziehen. Das sich nicht selten dramatisch entladende Spannungsgeschehen der Übertragung hat also letztlich etwas mit dem Hineinwachsen in die Welt des erwachsenen Menschen und den Widerständen dagegen zu tun. Die langfristige analytische Behandlung nimmt die Entwicklung der Reifephasen des heranwachsenden Menschen in die Beziehung auf, belebt sie für den Analysanden neu – mit der Chance, durch die Vermittlerrolle des Analytikers mit ihnen in einer neuen Weise umgehen zu können. Darüber erfahren wir mehr in den weiteren Schriften.

Was man von einem mitten im Leben stehenden Erzieher nicht erwarten kann, wird vom Analytiker unter den schützenden und in einem gewissen Sinne entfremdeten Bedingungen der analytischen Situation mit der Einführung der analytischen Grundregel gefordert: »allem, was man zu hören bekommt, die nämliche ›gleichschwebende Aufmerksamkeit‹, wie ich es schon einmal genannt habe, entgegenzubringen«[30]. Damit sind wir nach den Erlebnissen der Übertragung wieder bei der Arbeitssituation, dem methodischen Vorgehen in der analytischen Beziehung, angelangt. Diese Grundregel thematisiert aufs neue die Bedeutung der Hörbeziehung gegenüber dem liegenden Patienten. Aber dieses Aufeinanderhören weicht von der üblichen Gesprächsbeziehung in dem entscheidenden Punkt ab, daß der Analytiker nicht auf das hört, was der Patient meint, sondern er hört auf »alles«, und zwar mit gleichschwebender Aufmerksamkeit. »Sowie man nämlich seine Aufmerksamkeit absichtlich bis zu einer gewissen Höhe anspannt, beginnt man auch unter dem dargebotenen Materiale auszuwählen; […] dies darf man aber nicht«; denn: »Man darf nicht darauf vergessen, daß man ja zumeist Dinge zu hören bekommt, deren Bedeutung erst nachträglich erkannt wird.«[31]

---

30 ›Ratschläge für den Arzt bei der psychoanalytischen Behandlung‹ (1912), unten, S. 51 f.
31 Unten, S. 52.

Einleitung

Damit war der entscheidende Schritt zu dem vollzogen, was Freud als die Denkform des Analysierens bezeichnet hatte, die nicht mit dem synthetischen Denken zu vermischen ist. Diese Denkform hat der Methode den Namen *Psychoanalyse* gegeben.
An diesem bedeutungsvollen Schritt in der Entwicklung der Methode hat sich eine lange Diskussion über die »Hermeneutik«, den Gegensatz von »Verstehen und Erklären« usw. entzündet, die bis heute nicht beendet ist. Da wir auch an dieser entscheidenden Stelle offensichtlich mit der Anwendung unseres gesicherten Wissens überfordert sind, möchte ich dem Leser einige Hilfestellungen geben. Freud hatte zur Beschreibung dieses Vorgehens eine Formel zur Hand: der Analytiker »soll dem gebenden Unbewußten des Kranken sein eigenes Unbewußtes als empfangendes Organ zuwenden«[32]. Freud unterstellt damit – und diese Erkenntnis hat sich bis heute nicht durchgesetzt –, daß der Mensch über die Fähigkeit verfügt, das Unbewußte zur Sprache zu bringen, d.h. es in seine Sprachgestaltung aufzunehmen, damit man es aus ihr wieder entnehmen kann. Die psychische Oberfläche ist die momentane Gestalt der einmaligen analytischen Situation, an deren Zustandekommen die verschiedensten Einflüsse – einschließlich der unbewußten Gedanken – ihren Anteil haben.
Um dem Leser wenigstens einen kleinen Einblick in dieses Geheimnis der Sprache zu geben, möchte ich ein Beispiel aus einer eigenen Arbeit zitieren.[33] Es handelt sich bei dem dort untersuchten Text um das erste Kapitel aus Goethes *Wilhelm Meisters Lehrjahre*:

> »Die alte Barbara hatte die Geschenke von Norberg auf einem Tischchen ausgebreitet und machte Mariane mit einem Kommentar auf sie aufmerksam.
> ›Norberg schickt dir das Stück Mousselin zum Nachtkleide;
> bald ist er selbst da;
> er scheint mir eifriger und freigebiger als jemals.‹

---

32 Unten, S. 55.
33 H. Argelander, ›Die Textverknüpfungsstruktur‹, in der Reihe ›Rhetorik‹, Bd. 6 (1987): *Rhetorik und Psychologie*, S. 1–15, das Zitat S. 5.

Einleitung

Der Kommentar besteht aus einer Sukzession von drei Aussagen, die durch Semicolons voneinander getrennt sind. Der Sinn dieser Sätze scheint eindeutig zu sein, denn die dritte Aussage ist bereits eine Folgerung, die die alte Barbara aus den vorangegangenen Tatsachenfeststellungen zieht. Diese Folgerung »er scheint mir...« ist aber nur nachvollziehbar, wenn wir zwischen den beiden ersten Aussagen eine entsprechende Verknüpfung einsetzen: er schickt dir das..., – *obwohl* – er selbst bald da ist.
Das durch die Folgerung Barbaras zum Ausdruck gebrachte Verständnis der beiden ersten Aussagen, ihr Sinn, wird durch das Einsetzen einer entsprechenden Verknüpfung offenkundig. Verknüpft müßte der Text also lauten: Weil Norberg dir das Stück Mousselin zum Nachtkleide schickt, obwohl er selbst bald da ist, scheint er mir... Vielleicht spielt dabei auch die Erfahrung mit, daß er sonst entweder Geschenke schickte oder sie persönlich mitbrachte.
Immerhin hat der Autor dieses Textes eine solche Verknüpfung betont vermieden. Deshalb verknüpfe ich diesen Text einmal anders, und dabei wird sich zeigen, daß ein neuer Sinn zutage tritt, der viel konsequenter, aber auch viel hintergründiger erscheint: ›Aus der Tatsache, daß er dir das Stück Mousselin zum Nachtkleide schickt, *weil* er selbst bald da ist, schließe ich, daß er eifriger und freigebiger ist als jemals.‹
Diese Version, die den Schwerpunkt auf die Besonderheit des Geschenkes setzt, wird noch dadurch unterstrichen, daß der Autor bis zu diesem Zeitpunkt nur von einem Nesseltuch mit Bändern gesprochen hat, während die eigentliche Bestimmung des Tuches erst in diesem Zusammenhang zutage tritt.
Diese Version ist aber etwas peinlich, weil Norberg mit seinem Geschenk eine Liebesnacht vorbereiten will und auf diese Art seine Erwartungen zum Ausdruck bringt. Noch peinlicher ist die Folgerung, die die alte Barbara aus diesem so verstandenen Verhalten zieht: ›Er ist eifriger als jemals.‹ Vielleicht ist es schon peinlich, daß ich durch diese in Worte gefaßte Verknüpfung dem Autor unterstelle, er könne mit seiner Darstellungsform an eine solche Version gedacht haben. Sicherlich war es seine Absicht, einen solchen verborgenen Sinn nicht eindeutig zur Sprache zu bringen.«

Einleitung

An diesem Beispiel kann man gut erkennen, über welche vielfältigen Möglichkeiten die Sprache verfügt, um das Unbewußte zu vermitteln, wenn man es »hören« kann. Dazu sagte Freud: »Man höre zu und kümmere sich nicht darum, ob man sich etwas merke.«[34] Man muß also ganz offen für neue Zusammenhänge bleiben, »deren Bedeutung erst nachträglich erkannt wird«[35], »sobald der Analysierte etwas Neues vorbringt, womit es sich in Beziehung bringen und wodurch es sich fortsetzen kann«[36].

Mit dieser Arbeitseinstellung aber wurde die Vorstellung, im Zuge der Regression Erinnerungen in ihrer ursprünglichen Form und in ihrer ganzen Tragweite wiederbeleben und neu erfahrbar machen zu können, endgültig aufgegeben. Was wir sogar in Zuständen regressiven Verhaltens zu »sehen« bekommen, sind bereits psychische Verarbeitungsformen der ursprünglichen Erlebnisse, die nicht nach ihrer faktischen Gegebenheit, sondern im Kontext ihrer persönlichen Bedeutung zutage treten – was natürlich nicht Erinnerungsreste an faktische Ereignisse ausschließt. Der psychische Verarbeitungsprozeß, in den die bewußten und unbewußten Bedeutungen eingehen, erfordert das »Analysieren«. Welche praktischen Konsequenzen sich aus dieser neuen Arbeitseinstellung ergeben, hat Freud in seiner Arbeit ›Zur Einleitung der Behandlung‹ (1913)[37] an konkreten Beispielen ausgeführt. Sie sind das Ergebnis persönlicher Erfahrungen und kennzeichnen die Rahmenbedingungen, unter denen sich die methodische Einstellung entfaltet.

Mit dem Problem der psychischen Verarbeitungsform befaßt sich die nächste Arbeit: ›Erinnern, Wiederholen und Durcharbeiten‹ (1914). »In manchen Fällen habe ich den Eindruck empfangen, daß die bekannte, für uns theoretisch so bedeutsame Kindheitsamnesie durch die Deckerinnerungen vollkommen aufgewogen wird. In diesen ist nicht nur einiges Wesentliche aus dem Kindheitsleben erhalten, sondern eigentlich alles Wesentliche. Man muß nur verstehen, es durch die Analyse aus ihnen zu entwickeln.«[38]

---

34 Unten, S. 52.
35 Ibid.
36 Ibid.
37 Unten, S. 61–84.
38 Unten, S. 88.

Einleitung

Die psychische Verarbeitung schließt, wie wir bereits an der Übertragung gesehen haben, ein, daß der Patient nicht nur erinnert, sondern auch seine Erinnerungen handelnd zum Ausdruck bringt, so »daß wir seine Krankheit nicht als eine historische Angelegenheit, sondern als eine aktuelle Macht zu behandeln haben. Stück für Stück dieses Krankseins wird nun in den Horizont und in den Wirkungsbereich der Kur gerückt, und während der Kranke es als etwas Reales und Aktuelles erlebt, haben wir daran die therapeutische Arbeit zu leisten, die zum guten Teile in der Zurückführung auf die Vergangenheit besteht.«[39]
Aus dieser Erfahrung, daß die spezifische Verarbeitung, die sowohl die Motive als auch die aus ihnen erwachsenden Handlungen, Folgen und Folgerungen umfaßt, in der gegenwärtigen analytischen Beziehung wirksam wird, entwickelt sich der Begriff der Übertragungsneurose. »Die Übertragung schafft so ein Zwischenreich zwischen der Krankheit und dem Leben, durch welches sich der Übergang von der ersteren zum letzteren vollzieht.«[40] Die Rolle des Analytikers als Vermittler zwischen der »inneren und der äußeren Welt« wird an dieses Zwischenreich der Übertragungsneurose gebunden. Je mehr die innere Welt mit ihren unbewußten Anteilen die Gestaltung der analytischen Beziehung im Sinne der Übertragung übernimmt, um so mehr wird das Leben außerhalb der Analyse von ihren Auswirkungen entlastet, bis die durch die Analyse gewonnenen Erkenntnisse einen Ausgleich schaffen. Dazu brauchen beide Beteiligte Zeit, denn die Erkenntnisse werden erst wirksam, wenn sie genügend »durchgearbeitet« sind. »Dieses Durcharbeiten der Widerstände mag in der Praxis zu einer beschwerlichen Aufgabe für den Analysierten und zu einer Geduldprobe für den Arzt werden. Es ist aber jenes Stück der Arbeit, welches die größte verändernde Einwirkung auf den Patienten hat und das die analytische Behandlung von jeder Suggestionsbeeinflussung unterscheidet.«[41]
Die Erkenntnisse, die die Analyse zutage fördert, stammen also nicht nur aus dem »Material« des Patienten, sondern auch aus der

---

39 Unten, S. 91.
40 Unten, S. 94.
41 Unten, S. 95.

Einleitung

Aufarbeitung der Zusammenhänge zwischen diesem »Material« und den gegenwärtigen und aktuellen gemeinsamen Erlebnissen der Beziehung. Mit den Inhalten dieser Beziehung setzt Freud sich in der nächsten Arbeit – ›Bemerkungen über die Übertragungsliebe‹ (1915) – an anschaulichen Beispielen auseinander.
Triebanspruch und Moral prallen dabei aufeinander. Zur Begründung des versagenden Verhaltens des Analytikers greift Freud auf das ursprüngliche Beziehungsmodell der Eltern-Kind-Beziehung zurück, allerdings jetzt im Hinblick auf die verantwortliche erzieherische Aufgabe, ohne dieses Modell ausdrücklich zu erwähnen: Der Analytiker darf aus dieser Liebesbeziehung keinen persönlichen Vorteil ziehen. »So hoch er die Liebe schätzen mag, er muß es höher stellen, daß er die Gelegenheit hat, seine Patientin über eine entscheidende Stufe ihres Lebens zu heben.«[42] Eine schwere und verantwortliche Aufgabe, die genau der eines Erziehers entspricht, aber im Unterschied zu ihr erfolgt die Nachentwicklung und Nachreifung sekundär durch »Analyse«. »Zum Zwecke dieser Überwindung soll sie durch die Urzeiten ihrer seelischen Entwicklung durchgeführt werden und auf diesem Wege jenes Mehr von seelischer Freiheit erwerben, durch welches sich die bewußte Seelentätigkeit – im systematischen Sinne – von der unbewußten unterscheidet.«[43]
Wiederum vermittelt der Analytiker zwischen diesen beiden Welten und führt mit Hilfe der Analyse einen Ausgleich herbei, indem er die Liebesübertragung zwar festhält, sie aber als etwas Unreales behandelt, »als eine Situation, die in der Kur durchgemacht, auf ihre unbewußten Ursprünge zurückgeleitet werden soll und dazu verhelfen muß, das Verborgenste des Liebeslebens der Kranken dem Bewußtsein und damit der Beherrschung zuzuführen.«[44] Die Liebesbeziehung ist in diesem Sinne ein Stück echte Wirklichkeit, aber sie ist »durch die analytische Situation provoziert«, »entbehrt in hohem Grade der Rücksicht auf die Realität«, weil sie nicht den real gegebenen Verhältnissen entspricht. Deshalb muß sie als sozial noch nicht eingeordnet zurücktreten »zugunsten einer entfernteren, viel-

---

42 Unten, S. 110.
43 Ibid.
44 Unten, S. 106.

Einleitung

leicht überhaupt unsicheren, aber psychologisch wie sozial untadeligen« Befriedigung.[45] Das Ziel, wenn auch nicht der Weg, entspricht genau der verantwortlichen Aufgabe eines Erziehers, bei dem das moralische Moment in die Forderung eingebettet ist, eine gegenwärtige, aber nicht der Realität entsprechende Liebesbeziehung auf die höhere Stufe ihrer sozialen Berechtigung zu heben.

Diese Beschreibung der psychoanalytischen Methode, die sich in erster Linie auf Erfahrungen stützt, hat in ihren Grundpositionen bis heute ihre Gültigkeit behalten. Die weitere Entwicklung, die noch keineswegs abgeschlossen ist, befaßt sich mit der Verallgemeinerung der gewonnenen Erkenntnisse zum Aufbau einer Theorie der menschlichen Persönlichkeit und zur wissenschaftlichen Begründung des Verfahrens. Dazu gehört die theoretische Aufarbeitung der Begriffe, die die Methode kennzeichnen, wie »Übertragung«, »Gegenübertragung«, »Widerstand« usw., und die Erforschung des vermittelnden Mediums des Verhaltens, der Sprache, der Empathie usw. Darüber hinaus wurde die Methode mit entsprechenden Parametern auf Patienten ausgeweitet, die in der Frühzeit der Psychoanalyse als für die Analyse ungeeignet angesehen wurden. Das gilt z. B. für die Analyse bei Kindern, das Lebenswerk von Freuds Tochter Anna, für die Behandlung von Psychosen, Charakterstörungen usw. Aus den Grundlagen der Methode und dem zunehmenden Wissen entwickelten sich Anwendungen der Methode wie Kurztherapien, Gruppentherapien usw.

Eine erste Phase dieser Entwicklung können wir aus den zwei späteren Arbeiten Freuds aus dem Jahre 1937 ablesen, die in diesem Band enthalten sind. Freud spricht in diesen Arbeiten überwiegend vom »Verdrängten«, einem Begriff, der heute sehr populär geworden ist. Die Verdrängung ist eine Form des Vergessens, die sich in erster Linie auf die unbewußte Bedeutung kindlicher Erlebnisse bezieht. Diese unbewußte Bedeutung wurde in einer Weise psychisch verarbeitet, daß sie überhaupt nicht mehr in ihrer ursprünglichen Erscheinungsform erinnert werden kann.

Deshalb versucht die psychoanalytische Methode, ein einigermaßen

---

45 Unten, S. 109 und 110.

Einleitung

»zuverlässiges und in allen wesentlichen Stücken vollständiges Bild der vergessenen Lebensjahre des Patienten« zu rekonstruieren.[46] Es handelt sich nicht mehr allein um die Beschäftigung mit einzelnen bedeutsamen Erlebnissen, sondern um die Sicht einer ganzen, den Menschen prägenden Entwicklungsperiode, in der bestimmte Erlebnisse und ihre Verarbeitung die Grundelemente der psychischen Struktur geformt haben. Diese Erlebnisse sind zum Teil typisch für die Entwicklung eines Menschen in unserer Kultur, sie können aber auch den jeweiligen seelischen Entwicklungszustand überfordern und eine traumatische Entwicklung einleiten. Diese Gesamtschau ist das Ergebnis einer »Konstruktion«. Der Analytiker »hat das Vergessene aus den Anzeichen, die es hinterlassen, zu erraten oder, richtiger ausgedrückt, zu *konstruieren*«[47]. Freud vergleicht die Arbeit des Rekonstruierens mit der des Archäologen, der auf ähnliche Probleme stößt wie der Psychoanalytiker, wenn er z.B. das Alter eines »Fundes« bestimmen muß. Die Konstruktion ist eine Vorarbeit, um »dem Analysierten ein Stück seiner vergessenen Vorgeschichte« vorzuführen.[48] Wie diese Arbeit gemeinsam mit dem Patienten erfolgt, wird von Freud ausführlich beschrieben.
In dieser Arbeit stoßen wir wieder auf das halluzinative Moment, das uns schon im Zusammenhang mit der Hypnose beschäftigt hat. Manche Patienten »bekamen lebhafte Erinnerungen, von ihnen selbst als ›überdeutlich‹ bezeichnet, aber sie erinnerten nicht etwa die Begebenheit, die der Inhalt der Konstruktion war, sondern Details, die diesem Inhalt nahestanden [...]. Dies geschah ebensowohl in Träumen unmittelbar nach der Mitteilung als auch im Wachen in phantasieartigen Zuständen«[49]. Freud spricht in diesem Zusammenhang vom »›Auftrieb‹ des Verdrängten«[50].
Neben dem zunehmenden Gebrauch von wissenschaftlichen Begriffen versucht Freud, die Bedeutung dieser Einzelbeobachtungen zu verallgemeinern: »Vielleicht ist es ein allgemeiner Charakter der

---

46 ›Konstruktionen in der Analyse‹ (1937), unten, S. 116.
47 Unten, S. 116 f.
48 Unten, S. 119.
49 Unten, S. 124.
50 Ibid.

Einleitung

Halluzination, bisher nicht genug gewürdigt, daß in ihr etwas in der Frühzeit Erlebtes und dann Vergessenes wiederkehrt, etwas, was das Kind gesehen oder gehört zur Zeit, da es noch kaum sprachfähig war [...].«[51] Diese wichtige Frage, wie Kinder oder sogar Säuglinge Wahrnehmungen verarbeiten und ob und wie diese den Anschluß an Sprache finden, ist heute immer noch ein umstrittenes wissenschaftliches Thema.

In der letzten Arbeit dieses Bandes – ›Die endliche und die unendliche Analyse‹ (1937) – räumt Freud mit der Vorstellung einer »Purifizierung« auf, die noch heute in den Köpfen mancher Analytiker ihr Unwesen treibt, als ob die Analyse in der Lage wäre, den Menschen endgültig von allen Auswirkungen des Verdrängten zu befreien, also »als ob man durch Analyse ein Niveau von absoluter psychischer Normalität erreichen könnte«[52]. Manche frühere Ausführungen Freuds sind offensichtlich in diesem Sinne mißverstanden worden, z. B. seine Überlegungen zur Verbesserung der Erziehung: »Die Analyse der Lehrer und Erzieher scheint eine wirksamere prophylaktische Maßregel als die der Kinder selbst [...]«[53], oder seine bekannte Formulierung: »Wo Es war, soll Ich werden. Es ist Kulturarbeit etwa wie die Trockenlegung der Zuydersee.«[54] Deshalb stellt Freud endgültig klar: »Es ist wahrscheinlich zur Vermeidung von Mißverständnis nicht unnötig, näher auszuführen, was mit der Wortfügung: dauernde Erledigung eines Triebanspruchs gemeint ist. Gewiß nicht, daß man ihn zum Verschwinden bringt, so daß er nie wieder etwas von sich hören läßt. Das ist im allgemeinen unmöglich, wäre auch gar nicht wünschenswert.«[55]

Seine weiteren Ausführungen zu diesem Thema bemühen sich um die Frage einer allgemeinen Geltung, sind entsprechend überwiegend in einer Begriffssprache formuliert und berufen sich auf die inzwischen erarbeiteten theoretischen Positionen der Psychoana-

---

51 Unten, S. 124 f.
52 Unten, S. 135.
53 *Neue Folge der Vorlesungen zur Einführung in die Psychoanalyse* (1933), in: S. Freud, *Gesammelte Werke*, Bd. 15, London 1944, S. 161 (Fischer Taschenbuch Nr. 10433, S. 146).
54 Ibid., S. 86 (Fischer Taschenbuch Nr. 10433, S. 81).
55 Unten, S. 140.

Einleitung

lyse. Zwangsläufig werden auf diesem Wege manche überzogenen Vorstellungen relativiert, ein notwendiger und natürlicher Prozeß, der dem Freud-Kommentator James Strachey freilich den Eindruck von Pessimismus vermittelte.[56] Dabei bemühte sich Freud um eine differenzierte Erklärung, wie die Erfolge bzw. Mißerfolge der Analyse zu bewerten und welche Grenzen der Methode gesetzt seien. Er kam dabei zu einer Erkenntnis, deren Wahrheit wir heute schmerzlich erfahren: »Wir wissen, es ist der erste Schritt zur intellektuellen Bewältigung der Umwelt, in der wir leben, daß wir Allgemeinheiten, Regeln, Gesetze herausfinden, die Ordnung in das Chaos bringen. Durch diese Arbeit vereinfachen wir die Welt der Phänomene, können aber nicht umhin, sie auch zu verfälschen, besonders wenn es sich um Vorgänge von Entwicklung und Umwandlung handelt.«[57]

Da es sich bei der psychoanalytischen um eine psychologische Methode handelt, erwachsen ihr Schwierigkeiten aus der Tatsache, daß psychische Phänomene substratgebunden sind. Freud bezeichnet diese Bindung als die »quantitativen« Faktoren, z. B. die genetische Anlage, die festgelegten Entwicklungsphasen des Menschen oder äußere Schicksalsschläge.

Eine zentrale Rolle bei der Beurteilung der Erfolgsmöglichkeiten spielt die Frage nach der »Ichstärke«, ein Begriff, der heute überall in der Literatur zu finden ist. Freud beschäftigte sich in diesem Zusammenhang mit der Struktur, d. h. mit der jeweils spezifischen Zusammensetzung der Abwehrmechanismen. Neben der Verdrängung wird die Bedeutung anderer Abwehrmechanismen wie Verleugnung, Isolierung, Projektion usw. in Betracht gezogen, die das Ich einschränken. Freud kann sich dabei wieder auf die wegweisende Arbeit seiner Tochter Anna berufen, die den Begriff der Icheinschränkung in ihrer berühmten Arbeit *Das Ich und die Abwehrmechanismen* (1936) systematisch behandelt hat.[58]

---

56 James Strachey, ›Editorische Vorbemerkung‹ zu Freuds Arbeit ›Die endliche und die unendliche Analyse‹; deutsche Übersetzung in: S. Freud, *Studienausgabe*, Ergänzungsband: *Schriften zur Behandlungstechnik*, S. Fischer Verlag, Frankfurt am Main 1975, S. 352.
57 Unten, S. 143.
58 A. Freud, *Das Ich und die Abwehrmechanismen*, Internationaler psychoanalytischer Verlag, Wien 1936.

Einleitung

Weitere schwer zu definierende quantitative Faktoren versucht Freud aus seiner Erfahrung zu beschreiben, wie die »Klebrigkeit der Libido« und eine Art »Erschöpfung der Aufnahmsfähigkeit«.[59] »Unsere theoretische Vorbereitung scheint unzureichend, um die so beschriebenen Typen richtig aufzufassen; es kommen wohl zeitliche Charaktere in Betracht, Abänderungen eines noch nicht gewürdigten Entwicklungsrhythmus im psychischen Leben«[60] Mit dieser interessanten Frage einer epigenetischen Entwicklung haben sich unter anderen Erik H. Erikson und mit der Frage nach dem Zusammenhang zwischen Entwicklungs- und Reifeprozessen René A. Spitz beschäftigt.[61]

Ein ebenfalls bis heute nicht zu Ende diskutiertes Thema wird von Freud mit Überlegungen zur Bedeutung der Persönlichkeit des Analytikers aufgegriffen. Die Jahrzehnte andauernde Diskussion über Wert oder Unwert der »Gegenübertragung«, über ihre genaue Definition und ihre Einbeziehung in eine Objektbeziehungs-, Interaktions- und Narzißmustheorie findet hier ihren Ausgangspunkt.

Genauso aktuell ist der letzte quantitative Faktor, den Freud in ›Die endliche und die unendliche Analyse‹ in Erwägung zieht: die biologisch festgelegte Tatsache des Unterschiedes zwischen Mann und Frau und die psychischen und kulturellen Konsequenzen, die sich aus ihr ergeben.

Diese Arbeit, in der manche Mißverständnisse bereinigt werden, war und ist voller Anregungen für die weiteren Forschungsperspektiven der Psychoanalyse.

---

59 Unten, S. 156 und 157.
60 Unten, S. 157.
61 E. H. Erikson, *Identität und Lebenszyklus*, Suhrkamp Verlag, Frankfurt am Main 1966 (amerik. Original 1959). – R. A. Spitz, *Vom Säugling zum Kleinkind*; Naturgeschichte der Mutter-Kind-Beziehungen im ersten Lebensjahr, Ernst Klett Verlag, Stuttgart 1967 (amerik. Original 1965).

DIE HANDHABUNG DER TRAUMDEUTUNG IN DER PSYCHOANALYSE

(1911)

DIE HANDHABUNG DER TRAUMDEUTUNG
IN DER PSYCHOANALYSE

Das »Zentralblatt für Psychoanalyse« hat sich nicht nur die eine Aufgabe gesetzt, über die Fortschritte der Psychoanalyse zu orientieren und selbst kleinere Beiträge zur Veröffentlichung zu bringen, sondern möchte auch den anderen Aufgaben genügen, das bereits Erkannte in klarer Fassung dem Lernenden vorzulegen und dem Anfänger in der analytischen Behandlung durch geeignete Anweisungen Aufwand an Zeit und Mühe zu ersparen. Es werden darum in dieser Zeitschrift von nun an auch Aufsätze didaktischer Natur und technischen Inhaltes erscheinen, an denen es nicht wesentlich ist, ob sie auch etwas Neues mitteilen.
Die Frage, die ich heute zu behandeln gedenke, ist nicht die nach der Technik der Traumdeutung. Es soll nicht erörtert werden, wie man Träume zu deuten und deren Deutung zu verwerten habe, sondern nur, welchen Gebrauch man bei der psychoanalytischen Behandlung von Kranken von der Kunst der Traumdeutung machen solle. Man kann dabei gewiß in verschiedener Weise vorgehen, aber die Antwort auf technische Fragen ist in der Psychoanalyse niemals selbstverständlich. Wenn es vielleicht mehr als nur einen guten Weg gibt, so gibt es doch sehr viele schlechte, und eine Vergleichung verschiedener Techniken kann nur aufklärend wirken, auch wenn sie nicht zur Entscheidung für eine bestimmte Methode führen sollte.
Wer von der Traumdeutung her zur analytischen Behandlung kommt, der wird sein Interesse für den Inhalt der Träume festhalten und darum jeden Traum, den ihm der Kranke erzählt, zur möglichst vollständigen Deutung bringen wollen. Er wird aber bald merken können, daß er sich nun unter ganz andersartigen Verhältnissen befindet und daß er mit den nächsten Aufgaben der Therapie in Kollision gerät, wenn er seinen Vorsatz durchführen will. Erwies sich etwa der erste Traum des Patienten als vortrefflich brauchbar für die Anknüpfung der ersten an den Kranken zu richtenden Aufklärungen, so stellen sich alsbald Träume ein, die so lang und so dunkel

Zur Dynamik der Übertragung

sind, daß ihre Deutung in der begrenzten Arbeitsstunde eines Tages nicht zu Ende gebracht werden kann. Setzt der Arzt diese Deutungsarbeit durch die nächsten Tage fort, so wird ihm unterdes von neuen Träumen berichtet, die zurückgestellt werden müssen, bis er den ersten Traum für erledigt halten kann. Gelegentlich ist die Traumproduktion so reichlich und der Fortschritt des Kranken im Verständnis der Träume dabei so zögernd, daß der Analytiker sich der Idee nicht erwehren kann, diese Art der Darreichung des Materials sei nur eine Äußerung des Widerstandes, welcher sich der Erfahrung bedient, daß die Kur den ihr so gebotenen Stoff nicht bewältigen kann. Unterdes ist die Kur aber ein ganzes Stück hinter der Gegenwart zurückgeblieben und hat den Kontakt mit der Aktualität eingebüßt. Einer solchen Technik muß man die Regel entgegenhalten, daß es für die Behandlung von größter Bedeutung ist, die jeweilige psychische Oberfläche des Kranken zu kennen, darüber orientiert zu sein, welche Komplexe und welche Widerstände derzeit bei ihm rege gemacht sind und welche bewußte Reaktion dagegen sein Benehmen leiten wird. Dieses therapeutische Ziel darf kaum jemals zugunsten des Interesses an der Traumdeutung hintangesetzt werden.

Wie soll man es also mit der Traumdeutung in der Analyse halten, wenn man jener Regel eingedenk bleiben will? Etwa so: Man begnüge sich jedesmal mit dem Ergebnis an Deutung, welches in einer Stunde zu gewinnen ist, und halte es nicht für einen Verlust, daß man den Inhalt des Traumes nicht vollständig erkannt hat. Am nächsten Tage setze man die Deutungsarbeit nicht wie selbstverständlich fort, sondern erst dann, wenn man merkt, daß inzwischen nichts anderes sich beim Kranken in den Vordergrund gedrängt hat. Man mache also von der Regel, immer das zu nehmen, was dem Kranken zunächst in den Sinn kommt, zugunsten einer unterbrochenen Traumdeutung keine Ausnahme. Haben sich neue Träume eingestellt, ehe man die früheren zu Ende gebracht, so wende man sich diesen rezenteren Produktionen zu und mache sich aus der Vernachlässigung der älteren keinen Vorwurf. Sind die Träume gar zu umfänglich und weitschweifig geworden, so verzichte man bei sich von vornherein auf eine vollständige Lösung. Man hüte sich im allgemeinen davor, ein ganz besonderes Interesse für die Deutung der

Die Handhabung der Traumdeutung in der Psychoanalyse

Träume an den Tag zu legen oder im Kranken die Meinung zu erwecken, daß die Arbeit stillestehen müsse, wenn er keine Träume bringe. Man läuft sonst Gefahr, den Widerstand auf die Traumproduktion zu lenken und ein Versiegen der Träume hervorzurufen. Der Analysierte muß vielmehr zur Überzeugung erzogen werden, daß die Analyse in jedem Falle Material zu ihrer Fortsetzung findet, gleichgültig ob er Träume beibringt oder nicht und in welchem Ausmaße man sich mit ihnen beschäftigt.

Man wird nun fragen: Verzichtet man nicht auf zuviel wertvolles Material zur Aufdeckung des Unbewußten, wenn man die Traumdeutung nur unter solchen methodischen Einschränkungen ausübt? Darauf ist folgendes zu erwidern: Der Verlust ist keineswegs so groß, wie es bei geringer Vertiefung in den Sachverhalt erscheinen wird. Man mache sich einerseits klar, daß irgend ausführliche Traumproduktionen bei schweren Fällen von Neurosen nach allen Voraussetzungen als prinzipiell nicht vollständig lösbar beurteilt werden müssen. Ein solcher Traum baut sich oft über dem gesamten pathogenen Material des Falles auf, welches Arzt und Patient noch nicht kennen (sogenannte Programmträume, biographische Träume); er ist gelegentlich einer Übersetzung des ganzen Inhalts der Neurose in die Traumsprache gleichzustellen. Beim Versuch, einen solchen Traum zu deuten, werden alle noch unangetastet vorhandenen Widerstände zur Wirkung kommen und der Einsicht bald eine Grenze setzen. Die vollständige Deutung eines solchen Traumes fällt eben zusammen mit der Ausführung der ganzen Analyse. Hat man ihn zu Beginn der Analyse notiert, so kann man ihn etwa am Ende derselben, nach vielen Monaten, verstehen. Es ist derselbe Fall wie beim Verständnis eines einzelnen Symptoms (des Hauptsymptoms etwa). Die ganze Analyse dient der Aufklärung desselben; während der Behandlung muß man der Reihe nach bald dies, bald jenes Stück der Symptombedeutung zu erfassen suchen, bis man all diese Stücke zusammensetzen kann. Mehr darf man also auch von einem zu Anfang der Analyse vorfallenden Traume nicht verlangen; man muß sich zufriedengeben, wenn man aus dem Deutungsversuch zunächst eine einzelne pathogene Wunschregung errät.

Man verzichtet also auf nichts Erreichbares, wenn man die Absicht einer vollständigen Traumdeutung aufgibt. Man verliert aber auch

Zur Dynamik der Übertragung

in der Regel nichts, wenn man die Deutung eines älteren Traumes abbricht, um sich einem rezenteren zuzuwenden. Wir haben aus schönen Beispielen voll gedeuteter Träume erfahren, daß mehrere aufeinanderfolgende Szenen desselben Traumes den nämlichen Inhalt haben können, der sich in ihnen etwa mit steigender Deutlichkeit durchsetzt. Wir haben ebenso gelernt, daß mehrere in derselben Nacht vorfallende Träume nichts anderes zu sein brauchen als Versuche, denselben Inhalt in verschiedener Ausdrucksweise darzustellen. Wir können ganz allgemein versichert sein, daß jede Wunschregung, die sich heute einen Traum schafft, in einem anderen Traume wiederkehren wird, solange sie nicht verstanden und der Herrschaft des Unbewußten entzogen ist. So wird auch oft der beste Weg, um die Deutung eines Traumes zu vervollständigen, darin bestehen, daß man ihn verläßt, um sich dem neuen Traume zu widmen, der das nämliche Material in vielleicht zugänglicherer Form wiederaufnimmt. Ich weiß, daß es nicht nur für den Analysierten, sondern auch für den Arzt eine starke Zumutung ist, die bewußten Zielvorstellungen bei der Behandlung aufzugeben und sich ganz einer Leitung zu überlassen, die uns doch immer wieder als »zufällig« erscheint. Aber ich kann versichern, es lohnt sich jedesmal, wenn man sich entschließt, seinen eigenen theoretischen Behauptungen Glauben zu schenken, und sich dazu überwindet, die Herstellung des Zusammenhanges der Führung des Unbewußten nicht streitig zu machen.

Ich plädiere also dafür, daß die Traumdeutung in der analytischen Behandlung nicht als Kunst um ihrer selbst willen betrieben werden soll, sondern daß ihre Handhabung jenen technischen Regeln unterworfen werde, welche die Ausführung der Kur überhaupt beherrschen. Natürlich kann man es gelegentlich auch anders machen und seinem theoretischen Interesse ein Stück weit nachgehen. Man muß dabei aber immer wissen, was man tut. Ein anderer Fall ist noch in Betracht zu ziehen, der sich ergeben hat, seitdem wir zu unserem Verständnis der Traumsymbolik größeres Zutrauen haben und uns von den Einfällen der Patienten unabhängiger wissen. Ein besonders geschickter Traumdeuter kann sich etwa in der Lage befinden, daß er jeden Traum des Patienten durchschaut, ohne diesen zur mühsamen und zeitraubenden Bearbeitung des Traumes anhalten zu

Die Handhabung der Traumdeutung in der Psychoanalyse

müssen. Für einen solchen Analytiker entfallen also alle Konflikte zwischen den Anforderungen der Traumdeutung und jenen der Therapie. Er wird sich auch versucht fühlen, die Traumdeutung jedesmal voll auszunützen und dem Patienten alles mitzuteilen, was er aus seinen Träumen erraten hat. Dabei hat er aber eine Methodik der Behandlung eingeschlagen, die von der regulären nicht unerheblich abweicht, wie ich in anderem Zusammenhange dartun werde. Dem Anfänger in der psychoanalytischen Behandlung ist jedenfalls zu widerraten, daß er sich diesen außergewöhnlichen Fall zum Vorbild nehme.

Gegen die allerersten Träume, die ein Patient in der analytischen Behandlung mitteilt, solange er selbst noch nichts von der Technik der Traumübersetzung gelernt hat, verhält sich jeder Analytiker wie jener von uns angenommene überlegene Traumdeuter. Diese initialen Träume sind sozusagen naiv, sie verraten dem Zuhörer sehr viel, ähnlich wie die Träume sogenannt gesunder Menschen. Es entsteht nun die Frage, soll der Arzt auch sofort dem Kranken alles übersetzen, was er selbst aus dem Traume herausgelesen hat. Diese Frage soll aber hier nicht beantwortet werden, denn sie ist offenbar der umfassenderen Frage untergeordnet, in welchen Phasen der Behandlung und in welchem Tempo der Kranke in die Kenntnis des ihm seelisch Verhüllten vom Arzte eingeführt werden soll. Je mehr dann der Patient von der Übung der Traumdeutung erlernt hat, desto dunkler werden in der Regel seine späteren Träume. Alles erworbene Wissen um den Traum dient auch der Traumbildung als Warnung.

In den »wissenschaftlichen« Arbeiten über den Traum, die trotz der Ablehnung der Traumdeutung einen neuen Impuls durch die Psychoanalyse empfangen haben, findet man immer wieder eine recht überflüssige Sorgfalt auf die getreue Erhaltung des Traumtextes verlegt, der angeblich vor den Entstellungen und Usuren der nächsten Tagesstunden bewahrt werden muß. Auch manche Psychoanalytiker scheinen sich ihrer Einsicht in die Bedingungen der Traumbildung nicht konsequent genug zu bedienen, wenn sie dem Behandelten den Auftrag geben, jeden Traum unmittelbar nach dem Erwachen schriftlich zu fixieren. Diese Maßregel ist in der Therapie überflüssig; auch bedienen sich die Kranken der Vorschrift gern, um sich im Schlafe zu stören und einen großen Eifer dort anzubringen, wo er nicht von Nutzen sein kann. Hat man nämlich auf solche Weise mühselig einen Traumtext gerettet, der sonst vom Vergessen verzehrt worden wäre, so kann man sich doch leicht überzeugen, daß für den Kranken damit nichts erreicht ist. Zu dem Text stellen sich die Einfälle nicht ein, und der Effekt ist der nämliche, als ob der Traum nicht erhalten geblieben wäre. Der Arzt hat allerdings in dem einen Falle etwas erfahren, was ihm im anderen entgangen wäre. Aber es ist nicht dasselbe, ob der Arzt oder ob der Patient etwas weiß; die Bedeutung dieses Unterschiedes für die Technik der Psychoanalyse soll ein anderes Mal von uns gewürdigt werden.

Ich will endlich noch einen besonderen Typus von Träumen erwähnen, die ihren Bedingungen nach nur in einer psychoanalytischen Kur vorkommen können und die den Anfänger befremden oder irreführen mögen. Es sind dies die sogenannten nachhinkenden oder bestätigenden Träume, die der Deutung leicht zugänglich sind und als Übersetzung nichts anderes ergeben, als was die Kur in den letzten Tagen aus dem Material der Tageseinfälle erschlossen hatte. Es sieht dann so aus, als hätte der Patient die Liebenswürdigkeit gehabt, gerade das in Traumform zu bringen, was man ihm unmittelbar vorher »suggeriert« hat. Der geübtere Analytiker hat allerdings Schwierigkeiten, seinem Patienten solche Liebenswürdigkeiten zuzumuten; er greift solche Träume als erwünschte Bestätigungen auf und konstatiert, daß sie nur unter bestimmten Bedingungen der Beeinflussung durch die Kur beobachtet werden. Die weitaus zahlreichsten Träume eilen ja der Kur voran, so daß sich aus ihnen nach Abzug von allem bereits Bekannten und Verständlichen ein mehr oder minder deutlicher Hinweis auf etwas, was bisher verborgen war, ergibt.

ZUR DYNAMIK DER ÜBERTRAGUNG

(1912)

ZUR DYNAMIK DER ÜBERTRAGUNG

Das schwer zu erschöpfende Thema der »Übertragung« ist kürzlich in diesem Zentralblatt von W. Stekel in deskriptiver Weise behandelt worden.[1] Ich möchte nun hier einige Bemerkungen anfügen, die verstehen lassen sollen, wie die Übertragung während einer psychoanalytischen Kur notwendig zustande kommt und wie sie zu der bekannten Rolle während der Behandlung gelangt.
Machen wir uns klar, daß jeder Mensch durch das Zusammenwirken von mitgebrachter Anlage und von Einwirkungen auf ihn während seiner Kinderjahre eine bestimmte Eigenart erworben hat, wie er das Liebesleben ausübt, also welche Liebesbedingungen er stellt, welche Triebe er dabei befriedigt und welche Ziele er sich setzt.[2] Das

---
1 Zentralblatt für Psychoanalyse, Jahrgang II [1911], Nr. II, S. 27.
2 Verwahren wir uns an dieser Stelle gegen den mißverständlichen Vorwurf, als hätten wir die Bedeutung der angeborenen (konstitutionellen) Momente geleugnet, weil wir die der infantilen Eindrücke hervorgehoben haben. Ein solcher Vorwurf stammt aus der Enge des Kausalbedürfnisses der Menschen, welches sich im Gegensatz zur gewöhnlichen Gestaltung der Realität mit einem einzigen verursachenden Moment zufriedengeben will. Die Psychoanalyse hat über die akzidentellen Faktoren der Ätiologie viel, über die konstitutionellen wenig geäußert, aber nur darum, weil sie zu den ersteren etwas Neues beibringen konnte, über die letzteren hingegen zunächst nicht mehr wußte, als man sonst weiß. Wir lehnen es ab, einen prinzipiellen Gegensatz zwischen beiden Reihen von ätiologischen Momenten zu statuieren; wir nehmen vielmehr ein regelmäßiges Zusammenwirken beider zur Hervorbringung des beobachteten Effekts an. Δαίμων καὶ Τύχη bestimmen das Schicksal eines Menschen; selten, vielleicht niemals, eine dieser Mächte allein. Die Aufteilung der ätiologischen Wirksamkeit zwischen den beiden wird sich nur individuell und im einzelnen vollziehen lassen. Die Reihe, in welcher sich wechselnde Größen der beiden Faktoren zusammensetzen, wird gewiß auch ihre extremen Fälle haben. Je nach dem Stande unserer Erkenntnis werden wir den Anteil der Konstitution oder des Erlebens im Einzelfalle anders einschätzen und das Recht behalten, mit der Veränderung unserer Einsichten unser Urteil zu modifizieren. Übrigens könnte man es wagen, die Konstitution selbst aufzufassen als den Niederschlag aus den akzidentellen Einwirkungen auf die unendlich große Reihe der Ahnen.

ergibt sozusagen ein Klischee (oder auch mehrere), welches im Laufe des Lebens regelmäßig wiederholt, neu abgedruckt wird, insoweit die äußeren Umstände und die Natur der zugänglichen Liebesobjekte es gestatten, welches gewiß auch gegen rezente Eindrücke nicht völlig unveränderlich ist. Unsere Erfahrungen haben nun ergeben, daß von diesen das Liebesleben bestimmenden Regungen nur ein Teil die volle psychische Entwicklung durchgemacht hat; dieser Anteil ist der Realität zugewendet, steht der bewußten Persönlichkeit zur Verfügung und macht ein Stück von ihr aus. Ein anderer Teil dieser libidinösen Regungen ist in der Entwicklung aufgehalten worden, er ist von der bewußten Persönlichkeit wie von der Realität abgehalten, durfte sich entweder nur in der Phantasie ausbreiten oder ist gänzlich im Unbewußten verblieben, so daß er dem Bewußtsein der Persönlichkeit unbekannt ist. Wessen Liebesbedürftigkeit nun von der Realität nicht restlos befriedigt wird, der muß sich mit libidinösen Erwartungsvorstellungen jeder neu auftretenden Person zuwenden, und es ist durchaus wahrscheinlich, daß beide Portionen seiner Libido, die bewußtseinsfähige wie die unbewußte, an dieser Einstellung Anteil haben.

Es ist also völlig normal und verständlich, wenn die erwartungsvoll bereitgehaltene Libidobesetzung des teilweise Unbefriedigten sich auch der Person des Arztes zuwendet. Unserer Voraussetzung gemäß wird sich diese Besetzung an Vorbilder halten, an eines der Klischees anknüpfen, die bei der betreffenden Person vorhanden sind, oder, wie wir auch sagen können, sie wird den Arzt in eine der psychischen »Reihen« einfügen, die der Leidende bisher gebildet hat. Es entspricht den realen Beziehungen zum Arzte, wenn für diese Einreihung die Vater-Imago (nach Jungs glücklichem Ausdruck)[1] maßgebend wird. Aber die Übertragung ist an dieses Vorbild nicht gebunden, sie kann auch nach der Mutter- oder Bruder-Imago usw. erfolgen. Die Besonderheiten der Übertragung auf den Arzt, durch welche sie über Maß und Art dessen hinausgeht, was sich nüchtern und rationell rechtfertigen läßt, werden durch die Erwägung verständlich, daß eben nicht nur die bewußten Erwartungs-

---

[1] Wandlungen und Symbole der Libido. Jahrbuch für Psychoanalyse, III [1911], S. 164.

Zur Dynamik der Übertragung

vorstellungen, sondern auch die zurückgehaltenen oder unbewußten diese Übertragung hergestellt haben. Über dieses Verhalten der Übertragung wäre weiter nichts zu sagen oder zu grübeln, wenn nicht dabei zwei Punkte unerklärt blieben, die für den Psychoanalytiker von besonderem Interesse sind. Erstens verstehen wir nicht, daß die Übertragung bei neurotischen Personen in der Analyse soviel intensiver ausfällt als bei anderen, nicht analysierten, und zweitens bleibt es rätselhaft, weshalb uns bei der Analyse die Übertragung als der *stärkste Widerstand* gegen die Behandlung entgegentritt, während wir sie außerhalb der Analyse als Trägerin der Heilwirkung, als Bedingung des guten Erfolges anerkennen müssen. Es ist doch eine beliebig oft zu bestätigende Erfahrung, daß, wenn die freien Assoziationen eines Patienten versagen[1], jedesmal die Stockung beseitigt werden kann durch die Versicherung, er stehe jetzt unter der Herrschaft eines Einfalles, der sich mit der Person des Arztes oder mit etwas zu ihm Gehörigen beschäftigt. Sobald man diese Aufklärung gegeben hat, ist die Stockung beseitigt, oder man hat die Situation des Versagens in die des Verschweigens der Einfälle verwandelt.

Es scheint auf den ersten Blick ein riesiger methodischer Nachteil der Psychoanalyse zu sein, daß sich in ihr die Übertragung, sonst der mächtigste Hebel des Erfolgs, in das stärkste Mittel des Widerstandes verwandelt. Bei näherem Zusehen wird aber wenigstens das erste der beiden Probleme weggeräumt. Es ist nicht richtig, daß die Übertragung während der Psychoanalyse intensiver und ungezügelter auftritt als außerhalb derselben. Man beobachtet in Anstalten, in denen Nervöse nicht analytisch behandelt werden, die höchsten Intensitäten und die unwürdigsten Formen einer bis zur Hörigkeit gehenden Übertragung, auch die unzweideutigste erotische Färbung derselben. Eine feinsinnige Beobachterin wie die Gabriele Reuter hat dies zur Zeit, als es noch kaum eine Psychoanalyse gab, in einem merkwürdigen Buche geschildert, welches überhaupt die besten Einsichten in das Wesen und die Entstehung der Neurosen verrät.[2]

---

[1] Ich meine, wenn sie wirklich ausbleiben und nicht etwa infolge eines banalen Unlustgefühles von ihm verschwiegen werden.
[2] Aus guter Familie, 1895.

Zur Dynamik der Übertragung

Diese Charaktere der Übertragung sind also nicht auf Rechnung der Psychoanalyse zu setzen, sondern der Neurose selbst zuzuschreiben. Das zweite Problem bleibt vorläufig unangetastet.

Diesem Problem, der Frage, warum die Übertragung uns in der Psychoanalyse als Widerstand entgegentritt, müssen wir nun näherrücken. Vergegenwärtigen wir uns die psychologische Situation der Behandlung: Eine regelmäßige und unentbehrliche Vorbedingung *jeder* Erkrankung an einer Psychoneurose ist der Vorgang, den Jung treffend als *Introversion* der Libido bezeichnet hat.[1] Das heißt: Der Anteil der bewußtseinsfähigen, der Realität zugewendeten Libido wird verringert, der Anteil der von der Realität abgewendeten, unbewußten, welche etwa noch die Phantasien der Person speisen darf, aber dem Unbewußten angehört, um so viel vermehrt. Die Libido hat sich (ganz oder teilweise) in die Regression begeben und die infantilen Imagines wiederbelebt.[2] Dorthin folgt ihr nun die analytische Kur nach, welche die Libido aufsuchen, wieder dem Bewußtsein zugänglich und endlich der Realität dienstbar machen will. Wo die analytische Forschung auf die in ihre Verstecke zurückgezogene Libido stößt, muß ein Kampf ausbrechen; alle die Kräfte, welche die Regression der Libido verursacht haben, werden sich als »Widerstände« gegen die Arbeit erheben, um diesen neuen Zustand zu konservieren. Wenn nämlich die Introversion oder Regression der Libido nicht durch eine bestimmte Relation zur Außenwelt (im

---

1 Wenngleich manche Äußerungen Jungs den Eindruck machen, als sehe er in dieser Introversion etwas für die Dementia praecox Charakteristisches, was bei anderen Neurosen nicht ebenso in Betracht käme.
2 Es wäre bequem zu sagen: Sie hat die infantilen »Komplexe« wiederbesetzt. Aber das wäre unrichtig; einzig zu rechtfertigen wäre die Aussage: Die unbewußten Anteile dieser Komplexe. – Die außerordentliche Verschlungenheit des in dieser Arbeit behandelten Themas legt die Versuchung nahe, auf eine Anzahl von anstoßenden Problemen einzugehen, deren Klärung eigentlich erforderlich wäre, ehe man von den hier zu beschreibenden psychischen Vorgängen in unzweideutigen Worten reden könnte. Solche Probleme sind: Die Abgrenzung der Introversion und der Regression gegeneinander, die Einfügung der Komplexlehre in die Libidotheorie, die Beziehungen des Phantasierens zum Bewußten und Unbewußten wie zur Realität u. a. Es bedarf keiner Entschuldigung, wenn ich an dieser Stelle diesen Versuchungen widerstanden habe.

Zur Dynamik der Übertragung

allgemeinsten: durch die Versagung der Befriedigung) berechtigt und selbst für den Augenblick zweckmäßig gewesen wäre, hätte sie überhaupt nicht zustande kommen können. Die Widerstände dieser Herkunft sind aber nicht die einzigen, nicht einmal die stärksten. Die der Persönlichkeit verfügbare Libido hatte immer unter der Anziehung der unbewußten Komplexe (richtiger der dem Unbewußten angehörenden Anteile dieser Komplexe) gestanden und war in die Regression geraten, weil die Anziehung der Realität nachgelassen hatte. Um sie frei zu machen, muß nun diese Anziehung des Unbewußten überwunden, also die seither in dem Individuum konstituierte Verdrängung der unbewußten Triebe und ihrer Produktionen aufgehoben werden. Dies ergibt den bei weitem großartigeren Anteil des Widerstandes, der ja so häufig die Krankheit fortbestehen läßt, auch wenn die Abwendung von der Realität die zeitweilige Begründung wieder verloren hat. Mit den Widerständen aus beiden Quellen hat die Analyse zu kämpfen. Der Widerstand begleitet die Behandlung auf jedem Schritt; jeder einzelne Einfall, jeder Akt des Behandelten muß dem Widerstande Rechnung tragen, stellt sich als ein Kompromiß aus den zur Genesung zielenden Kräften und den angeführten, ihr widerstrebenden, dar.

Verfolgt man nun einen pathogenen Komplex von seiner (entweder als Symptom auffälligen oder auch ganz unscheinbaren) Vertretung im Bewußten gegen seine Wurzel im Unbewußten hin, so wird man bald in eine Region kommen, wo der Widerstand sich so deutlich geltend macht, daß der nächste Einfall ihm Rechnung tragen und als Kompromiß zwischen seinen Anforderungen und denen der Forschungsarbeit erscheinen muß. Hier tritt nun nach dem Zeugnisse der Erfahrung die Übertragung ein. Wenn irgend etwas aus dem Komplexstoff (dem Inhalt des Komplexes) sich dazu eignet, auf die Person des Arztes übertragen zu werden, so stellt sich diese Übertragung her, ergibt den nächsten Einfall und kündigt sich durch die Anzeichen eines Widerstandes, etwa durch eine Stockung, an. Wir schließen aus dieser Erfahrung, daß diese Übertragungsidee darum vor allen anderen Einfallsmöglichkeiten zum Bewußtsein durchgedrungen ist, *weil* sie auch dem Widerstande Genüge tut. Ein solcher Vorgang wiederholt sich im Verlaufe einer Analyse ungezählte Male. Immer wieder wird, wenn man sich einem pathogenen Kom-

Zur Dynamik der Übertragung

plexe annähert, zuerst der zur Übertragung befähigte Anteil des Komplexes ins Bewußtsein vorgeschoben und mit der größten Hartnäckigkeit verteidigt.[1]

Nach seiner Überwindung macht die der anderen Komplexbestandteile wenig Schwierigkeiten mehr. Je länger eine analytische Kur dauert und je deutlicher der Kranke erkannt hat, daß Entstellungen des pathogenen Materials allein keinen Schutz gegen die Aufdeckung bieten, desto konsequenter bedient er sich der einen Art von Entstellung, die ihm offenbar die größten Vorteile bringt, der Entstellung durch Übertragung. Diese Verhältnisse nehmen die Richtung nach einer Situation, in welcher schließlich alle Konflikte auf dem Gebiete der Übertragung ausgefochten werden müssen.

So erscheint uns die Übertragung in der analytischen Kur zunächst immer nur als die stärkste Waffe des Widerstandes, und wir dürfen den Schluß ziehen, daß die Intensität und Ausdauer der Übertragung eine Wirkung und ein Ausdruck des Widerstandes seien. Der Mechanismus der Übertragung ist zwar durch ihre Zurückführung auf die Bereitschaft der Libido erledigt, die im Besitze infantiler Imagines geblieben ist; die Aufklärung ihrer Rolle in der Kur gelingt aber nur, wenn man auf ihre Beziehungen zum Widerstande eingeht.

Woher kommt es, daß sich die Übertragung so vorzüglich zum Mittel des Widerstandes eignet? Man sollte meinen, diese Antwort wäre nicht schwer zu geben. Es ist ja klar, daß das Geständnis einer jeden verpönten Wunschregung besonders erschwert wird, wenn es vor jener Person abgelegt werden soll, der die Regung selbst gilt. Diese Nötigung ergibt Situationen, die in der Wirklichkeit als kaum durchführbar erscheinen. Gerade das will nun der Analysierte erzielen, wenn er das Objekt seiner Gefühlsregungen mit dem Arzte zusammenfallen läßt. Eine nähere Überlegung zeigt aber, daß dieser

---

[1] Woraus man aber nicht allgemein auf eine besondere pathogene Bedeutsamkeit des zum Übertragungswiderstand gewählten Elementes schließen darf. Wenn in einer Schlacht um den Besitz eines gewissen Kirchleins oder eines einzelnen Gehöfts mit besonderer Erbitterung gestritten wird, braucht man nicht anzunehmen, daß die Kirche etwa ein Nationalheiligtum sei oder daß das Haus den Armeeschatz berge. Der Wert der Objekte kann ein bloß taktischer sein, vielleicht nur in dieser einen Schlacht zur Geltung kommen.

Zur Dynamik der Übertragung

scheinbare Gewinn nicht die Lösung des Problems ergeben kann. Eine Beziehung von zärtlicher, hingebungsvoller Anhänglichkeit kann ja anderseits über alle Schwierigkeiten des Geständnisses hinweghelfen. Man pflegt ja unter analogen realen Verhältnissen zu sagen: Vor dir schäme ich mich nicht, dir kann ich alles sagen. Die Übertragung auf den Arzt könnte also ebensowohl zur Erleichterung des Geständnisses dienen, und man verstünde nicht, warum sie eine Erschwerung hervorruft.

Die Antwort auf diese hier wiederholt gestellte Frage wird nicht durch weitere Überlegung gewonnen, sondern durch die Erfahrung gegeben, die man bei der Untersuchung der einzelnen Übertragungswiderstände in der Kur macht. Man merkt endlich, daß man die Verwendung der Übertragung zum Widerstande nicht verstehen kann, solange man an »Übertragung« schlechtweg denkt. Man muß sich entschließen, eine »positive« Übertragung von einer »negativen« zu sondern, die Übertragung zärtlicher Gefühle von der feindseliger, und beide Arten der Übertragung auf den Arzt gesondert zu behandeln. Die positive Übertragung zerlegt sich dann noch in die solcher freundlicher oder zärtlicher Gefühle, welche bewußtseinsfähig sind, und in die ihrer Fortsetzungen ins Unbewußte. Von den letzteren weist die Analyse nach, daß sie regelmäßig auf erotische Quellen zurückgehen, so daß wir zur Einsicht gelangen müssen, alle unsere im Leben verwertbaren Gefühlsbeziehungen von Sympathie, Freundschaft, Zutrauen und dergleichen seien genetisch mit der Sexualität verknüpft und haben sich durch Abschwächung des Sexualzieles aus rein sexuellen Begehrungen entwickelt, so rein und unsinnlich sie sich auch unserer bewußten Selbstwahrnehmung darstellen mögen. Ursprünglich haben wir nur Sexualobjekte gekannt; die Psychoanalyse zeigt uns, daß die bloß geschätzten oder verehrten Personen unserer Realität für das Unbewußte in uns immer noch Sexualobjekte sein können.

Die Lösung des Rätsels ist also, daß die Übertragung auf den Arzt sich nur insofern zum Widerstande in der Kur eignet, als sie negative Übertragung oder positive von verdrängten erotischen Regungen ist. Wenn wir durch Bewußtmachen die Übertragung »aufheben«, so lösen wir nur diese beiden Komponenten des Gefühlsaktes von der Person des Arztes ab; die andere, bewußtseinsfähige und unanstößige Komponente bleibt bestehen und ist in der Psychoanalyse genau ebenso die Trägerin des Erfolges wie bei anderen Behandlungsmethoden. Insofern gestehen wir gerne zu, die Resultate der Psychoanalyse beruhten auf Suggestion; nur muß man unter Suggestion das verstehen, was wir mit Ferenczi[1] darin finden: die Beeinflussung eines Menschen vermittels der bei ihm möglichen Übertragungsphänomene. Für die endliche Selbständigkeit des Kranken sorgen wir, indem wir die Suggestion dazu benützen, ihn eine psychische Arbeit vollziehen zu lassen, die eine dauernde Verbesserung seiner psychischen Situation zur notwendigen Folge hat.

Es kann noch gefragt werden, warum die Widerstandsphänomene der Übertragung nur in der Psychoanalyse, nicht auch bei indifferenter Behandlung, z. B. in Anstalten, zum Vorschein kommen. Die Antwort lautet: sie zeigen sich auch dort, nur müssen sie als solche gewürdigt werden. Das Hervorbrechen der negativen Übertragung ist in Anstalten sogar recht häufig. Der Kranke verläßt eben die Anstalt ungeändert oder rückfällig, sobald er unter die Herrschaft der negativen Übertragung gerät. Die erotische Übertragung wirkt in Anstalten nicht so hemmend, da sie dort wie im Leben beschönigt, anstatt aufgedeckt wird; sie äußert sich aber ganz deutlich als Widerstand gegen die Genesung, zwar nicht, indem sie den Kranken aus der Anstalt treibt – sie hält ihn im Gegenteil in der Anstalt zurück –, wohl aber dadurch, daß sie ihn vom Leben fernehält. Für die Genesung ist es nämlich recht gleichgültig, ob der Kranke in der Anstalt diese oder jene Angst oder Hemmung überwindet; es kommt vielmehr darauf an, daß er auch in der Realität seines Lebens davon frei wird.

Die negative Übertragung verdiente eine eingehende Würdigung, die ihr im Rahmen dieser Ausführungen nicht zuteil werden kann. Bei den heilbaren Formen von Psychoneurosen findet sie sich neben der zärtlichen Übertragung, oft gleichzeitig auf die nämliche Person gerichtet, für welchen Sachverhalt Bleuler den guten Ausdruck *Am-*

---

[1] Ferenczi, Introjektion und Übertragung, Jahrbuch für Psychoanalyse, Bd. I, 1909.

bivalenz geprägt hat.[1] Eine solche Ambivalenz der Gefühle scheint bis zu einem gewissen Maße normal zu sein, aber ein hoher Grad von Ambivalenz der Gefühle ist gewiß eine besondere Auszeichnung neurotischer Personen. Bei der Zwangsneurose scheint eine frühzeitige »Trennung der Gegensatzpaare« für das Triebleben charakteristisch zu sein und eine ihrer konstitutionellen Bedingungen darzustellen. Die Ambivalenz der Gefühlsrichtungen erklärt uns am besten die Fähigkeit der Neurotiker, ihre Übertragungen in den Dienst des Widerstandes zu stellen. Wo die Übertragungsfähigkeit im wesentlichen negativ geworden ist, wie bei den Paranoiden, da hört die Möglichkeit der Beeinflussung und der Heilung auf.

Mit allen diesen Erörterungen haben wir aber bisher nur eine Seite des Übertragungsphänomens gewürdigt; es wird erfordert, unsere Aufmerksamkeit einem anderen Aspekt derselben Sache zuzuwenden. Wer sich den richtigen Eindruck davon geholt hat, wie der Analysierte aus seinen realen Beziehungen zum Arzte herausgeschleudert wird, sobald er unter die Herrschaft eines ausgiebigen Übertragungswiderstandes gerät, wie er sich dann die Freiheit herausnimmt, die psychoanalytische Grundregel zu vernachlässigen, daß man ohne Kritik alles mitteilen solle, was einem in den Sinn kommt, wie er die Vorsätze vergißt, mit denen er in die Behandlung getreten war, und wie ihm logische Zusammenhänge und Schlüsse nun gleichgültig werden, die ihm kurz vorher den größten Eindruck gemacht hatten, der wird das Bedürfnis haben, sich diesen Eindruck noch aus anderen als den bisher angeführten Momenten zu erklären, und solche liegen in der Tat nicht ferne; sie ergeben sich wiederum aus der psychologischen Situation, in welche die Kur den Analysierten versetzt hat.

In der Aufspürung der dem Bewußten abhanden gekommenen Libido ist man in den Bereich des Unbewußten eingedrungen. Die Reaktionen, die man erzielt, bringen nun manches von den Charakteren unbewußter Vorgänge mit ans Licht, wie wir sie durch das

---

1 E. Bleuler, Dementia praecox oder Gruppe der Schizophrenien in Aschaffenburgs Handbuch der Psychiatrie, 1911. – Vortrag über Ambivalenz in Bern 1910, referiert im Zentralblatt f. Psa. I, S. 266. – Für die gleichen Phänomene hatte W. Stekel vorher die Bezeichnung »*Bipolarität*« vorgeschlagen.

Zur Dynamik der Übertragung

Studium der Träume kennengelernt haben. Die unbewußten Regungen wollen nicht erinnert werden, wie die Kur es wünscht, sondern sie streben danach, sich zu reproduzieren, entsprechend der Zeitlosigkeit und der Halluzinationsfähigkeit des Unbewußten. Der Kranke spricht ähnlich wie im Traume den Ergebnissen der Erweckung seiner unbewußten Regungen Gegenwärtigkeit und Realität zu; er will seine Leidenschaften agieren, ohne auf die reale Situation Rücksicht zu nehmen. Der Arzt will ihn dazu nötigen, diese Gefühlsregungen in den Zusammenhang der Behandlung und in den seiner Lebensgeschichte einzureihen, sie der denkenden Betrachtung unterzuordnen und nach ihrem psychischen Werte zu erkennen. Dieser Kampf zwischen Arzt und Patienten, zwischen Intellekt und Triebleben, zwischen Erkennen und Agierenwollen spielt sich fast ausschließlich an den Übertragungsphänomenen ab. Auf diesem Felde muß der Sieg gewonnen werden, dessen Ausdruck die dauernde Genesung von der Neurose ist. Es ist unleugbar, daß die Bezwingung der Übertragungsphänomene dem Psychoanalytiker die größten Schwierigkeiten bereitet, aber man darf nicht vergessen, daß gerade sie uns den unschätzbaren Dienst erweisen, die verborgenen und vergessenen Liebesregungen der Kranken aktuell und manifest zu machen, denn schließlich kann niemand *in absentia* oder *in effigie* erschlagen werden.

RATSCHLÄGE FÜR DEN ARZT BEI DER PSYCHOANALYTISCHEN BEHANDLUNG

(1912)

RATSCHLÄGE FÜR DEN ARZT BEI DER PSYCHOANALYTISCHEN BEHANDLUNG

Die technischen Regeln, die ich hier in Vorschlag bringe, haben sich mir aus der langjährigen eigenen Erfahrung ergeben, nachdem ich durch eigenen Schaden von der Verfolgung anderer Wege zurückgekommen war. Man wird leicht bemerken, daß sie sich, wenigstens viele von ihnen, zu einer einzigen Vorschrift zusammensetzen. Ich hoffe, daß ihre Berücksichtigung den analytisch tätigen Ärzten viel unnützen Aufwand ersparen und sie vor manchem Übersehen behüten wird; aber ich muß ausdrücklich sagen, diese Technik hat sich als die einzig zweckmäßige für meine Individualität ergeben; ich wage es nicht in Abrede zu stellen, daß eine ganz anders konstituierte ärztliche Persönlichkeit dazu gedrängt werden kann, eine andere Einstellung gegen den Kranken und gegen die zu lösende Aufgabe zu bevorzugen.

a) Die nächste Aufgabe, vor die sich der Analytiker gestellt sieht, der mehr als einen Kranken im Tage so behandelt, wird ihm auch als die schwierigste erscheinen. Sie besteht ja darin, alle die unzähligen Namen, Daten, Einzelheiten der Erinnerung, Einfälle und Krankheitsproduktionen während der Kur, die ein Patient im Laufe von Monaten und Jahren vorbringt, im Gedächtnis zu behalten und sie nicht mit ähnlichem Material zu verwechseln, das von anderen gleichzeitig oder früher analysierten Patienten herrührt. Ist man gar genötigt, täglich sechs, acht Kranke oder selbst mehr zu analysieren, so wird eine Gedächtnisleistung, der solches gelingt, bei Außenstehenden Unglauben, Bewunderung oder selbst Bedauern wecken. In jedem Falle wird man auf die Technik neugierig sein, welche die Bewältigung einer solchen Fülle gestattet, und wird erwarten, daß dieselbe sich besonderer Hilfsmittel bediene.

Indes ist diese Technik eine sehr einfache. Sie lehnt alle Hilfsmittel, wie wir hören werden, selbst das Niederschreiben ab und besteht einfach darin, sich nichts besonders merken zu wollen und allem, was man zu hören bekommt, die nämliche »gleichschwebende Aufmerksamkeit«, wie ich es schon einmal genannt habe, entgegenzu-

Zur Dynamik der Übertragung

bringen. Man erspart sich auf diese Weise eine Anstrengung der Aufmerksamkeit, die man doch nicht durch viele Stunden täglich festhalten könnte, und vermeidet eine Gefahr, die von dem absichtlichen Aufmerken unzertrennlich ist. Sowie man nämlich seine Aufmerksamkeit absichtlich bis zu einer gewissen Höhe anspannt, beginnt man auch unter dem dargebotenen Materiale auszuwählen; man fixiert das eine Stück besonders scharf, eliminiert dafür ein anderes und folgt bei dieser Auswahl seinen Erwartungen oder seinen Neigungen. Gerade dies darf man aber nicht; folgt man bei der Auswahl seinen Erwartungen, so ist man in Gefahr, niemals etwas anderes zu finden, als was man bereits weiß; folgt man seinen Neigungen, so wird man sicherlich die mögliche Wahrnehmung fälschen. Man darf nicht darauf vergessen, daß man ja zumeist Dinge zu hören bekommt, deren Bedeutung erst nachträglich erkannt wird.

Wie man sieht, ist die Vorschrift, sich alles gleichmäßig zu merken, das notwendige Gegenstück zu der Anforderung an den Analysierten, ohne Kritik und Auswahl alles zu erzählen, was ihm einfällt. Benimmt sich der Arzt anders, so macht er zum großen Teile den Gewinn zunichte, der aus der Befolgung der »psychoanalytischen Grundregel« von seiten des Patienten resultiert. Die Regel für den Arzt läßt sich so aussprechen: Man halte alle bewußten Einwirkungen von seiner Merkfähigkeit ferne und überlasse sich völlig seinem »unbewußten Gedächtnisse«, oder rein technisch ausgedrückt: Man höre zu und kümmere sich nicht darum, ob man sich etwas merke.

Was man auf diese Weise bei sich erreicht, genügt allen Anforderungen während der Behandlung. Jene Bestandteile des Materials, die sich bereits zu einem Zusammenhange fügen, werden für den Arzt auch bewußt verfügbar; das andere, noch zusammenhanglose, chaotisch ungeordnete, scheint zunächst versunken, taucht aber bereitwillig im Gedächtnisse auf, sobald der Analysierte etwas Neues vorbringt, womit es sich in Beziehung bringen und wodurch es sich fortsetzen kann. Man nimmt dann lächelnd das unverdiente Kompliment des Analysierten wegen eines »besonders guten Gedächtnisses« entgegen, wenn man nach Jahr und Tag eine Einzelheit reproduziert, die der bewußten Absicht, sie im Gedächtnisse zu fixieren, wahrscheinlich entgangen wäre.

Irrtümer in diesem Erinnern ereignen sich nur zu Zeiten und an Stellen, wo man durch die Eigenbeziehung gestört wird (siehe unten), hinter dem Ideale des Analytikers also in arger Weise zurückbleibt. Verwechslungen mit dem Materiale anderer Patienten kommen recht selten zustande. In einem Streite mit dem Analysierten, ob und wie er etwas einzelnes gesagt habe, bleibt der Arzt zumeist im Rechte.[1]

b) Ich kann es nicht empfehlen, während der Sitzungen mit dem Analysierten Notizen in größerem Umfange zu machen, Protokolle anzulegen u. dgl. Abgesehen von dem ungünstigen Eindruck, den dies bei manchen Patienten hervorruft, gelten dagegen die nämlichen Gesichtspunkte, die wir beim Merken gewürdigt haben. Man trifft notgedrungen eine schädliche Auswahl aus dem Stoffe, während man nachschreibt oder stenographiert, und man bindet ein Stück seiner eigenen Geistestätigkeit, das in der Deutung des Angehörten eine bessere Verwendung finden soll. Man kann ohne Vorwurf Ausnahmen von dieser Regel zulassen für Daten, Traumtexte oder einzelne bemerkenswerte Ergebnisse, die sich leicht aus dem Zusammenhange lösen lassen und für eine selbständige Verwendung als Beispiele geeignet sind. Aber ich pflege auch dies nicht zu tun. Beispiele schreibe ich am Abend nach Abschluß der Arbeit aus dem Gedächtnis nieder; Traumtexte, an denen mir gelegen ist, lasse ich von den Patienten nach der Erzählung des Traumes fixieren.

c) Die Niederschrift während der Sitzung mit dem Patienten könnte durch den Vorsatz gerechtfertigt werden, den behandelten Fall zum Gegenstande einer wissenschaftlichen Publikation zu machen. Das kann man ja prinzipiell kaum versagen. Aber man muß doch im Auge behalten, daß genaue Protokolle in einer analytischen Krankengeschichte weniger leisten, als man von ihnen erwarten sollte. Sie gehören, strenggenommen, jener Scheinexaktheit an, für welche

---

[1] Der Analysierte behauptet oft, eine gewisse Mitteilung bereits früher gemacht zu haben, während man ihm mit ruhiger Überlegenheit versichern kann, sie erfolge jetzt zum erstenmal. Es stellt sich dann heraus, daß der Analysierte früher einmal die Intention zu dieser Mitteilung gehabt hat, an ihrer Ausführung aber durch einen noch bestehenden Widerstand gehindert wurde. Die Erinnerung an diese Intention ist für ihn ununterscheidbar von der Erinnerung an deren Ausführung.

uns die »moderne« Psychiatrie manche auffällige Beispiele zur Verfügung stellt. Sie sind in der Regel ermüdend für den Leser und bringen es doch nicht dazu, ihm die Anwesenheit bei der Analyse zu ersetzen. Wir haben überhaupt die Erfahrung gemacht, daß der Leser, wenn er dem Analytiker glauben will, ihm auch Kredit für das bißchen Bearbeitung einräumt, das er an seinem Material vorgenommen hat; wenn er die Analyse und den Analytiker aber nicht ernst nehmen will, so setzt er sich auch über getreue Behandlungsprotokolle hinweg. Dies scheint nicht der Weg, um dem Mangel an Evidenz abzuhelfen, der an den psychoanalytischen Darstellungen gefunden wird.

d) Es ist zwar einer der Ruhmestitel der analytischen Arbeit, daß Forschung und Behandlung bei ihr zusammenfallen, aber die Technik, die der einen dient, widersetzt sich von einem gewissen Punkte an doch der anderen. Es ist nicht gut, einen Fall wissenschaftlich zu bearbeiten, solange seine Behandlung noch nicht abgeschlossen ist, seinen Aufbau zusammenzusetzen, seinen Fortgang erraten zu wollen, von Zeit zu Zeit Aufnahmen des gegenwärtigen Status zu machen, wie das wissenschaftliche Interesse es fordern würde. Der Erfolg leidet in solchen Fällen, die man von vornherein der wissenschaftlichen Verwertung bestimmt und nach deren Bedürfnissen behandelt; dagegen gelingen jene Fälle am besten, bei denen man wie absichtslos verfährt, sich von jeder Wendung überraschen läßt, und denen man immer wieder unbefangen und voraussetzungslos entgegentritt. Das richtige Verhalten für den Analytiker wird darin bestehen, sich aus der einen psychischen Einstellung nach Bedarf in die andere zu schwingen, nicht zu spekulieren und zu grübeln, solange er analysiert, und erst dann das gewonnene Material der synthetischen Denkarbeit zu unterziehen, nachdem die Analyse abgeschlossen ist. Die Unterscheidung der beiden Einstellungen würde bedeutungslos, wenn wir bereits im Besitze aller oder doch der wesentlichen Erkenntnisse über die Psychologie des Unbewußten und über die Struktur der Neurosen wären, die wir aus der psychoanalytischen Arbeit gewinnen können. Gegenwärtig sind wir von diesem Ziele noch weit entfernt und dürfen uns die Wege nicht verschließen, um das bisher Erkannte nachzuprüfen und Neues dazu zu finden.

e) Ich kann den Kollegen nicht dringend genug empfehlen, sich während der psychoanalytischen Behandlung den Chirurgen zum Vorbild zu nehmen, der alle seine Affekte und selbst sein menschliches Mitleid beiseite drängt und seinen geistigen Kräften ein einziges Ziel setzt: die Operation so kunstgerecht als möglich zu vollziehen. Für den Psychoanalytiker wird unter den heute waltenden Umständen eine Affektstrebung am gefährlichsten, der therapeutische Ehrgeiz, mit seinem neuen und viel angefochtenen Mittel etwas zu leisten, was überzeugend auf andere wirken kann. Damit bringt er nicht nur sich selbst in eine für die Arbeit ungünstige Verfassung, er setzt sich auch wehrlos gewissen Widerständen des Patienten aus, von dessen Kräftespiel ja die Genesung in erster Linie abhängt. Die Rechtfertigung dieser vom Analytiker zu fordernden Gefühlskälte liegt darin, daß sie für beide Teile die vorteilhaftesten Bedingungen schafft, für den Arzt die wünschenswerte Schonung seines eigenen Affektlebens, für den Kranken das größte Ausmaß von Hilfeleistung, das uns heute möglich ist. Ein alter Chirurg hatte zu seinem Wahlspruch die Worte genommen: *Je le pansai, Dieu le guérit*. Mit etwas Ähnlichem sollte sich der Analytiker zufriedengeben.

f) Es ist leicht zu erraten, in welchem Ziele diese einzeln vorgebrachten Regeln zusammentreffen. Sie wollen alle beim Arzte das Gegenstück zu der für den Analysierten aufgestellten »psychoanalytischen Grundregel« schaffen. Wie der Analysierte alles mitteilen soll, was er in seiner Selbstbeobachtung erhascht, mit Hintanhaltung aller logischen und affektiven Einwendungen, die ihn bewegen wollen, eine Auswahl zu treffen, so soll sich der Arzt in den Stand setzen, alles ihm Mitgeteilte für die Zwecke der Deutung, der Erkennung des verborgenen Unbewußten zu verwerten, ohne die vom Kranken aufgegebene Auswahl durch eine eigene Zensur zu ersetzen, in eine Formel gefaßt: er soll dem gebenden Unbewußten des Kranken sein eigenes Unbewußtes als empfangendes Organ zuwenden, sich auf den Analysierten einstellen wie der Receiver des Telephons zum Teller eingestellt ist. Wie der Receiver die von Schallwellen angeregten elektrischen Schwankungen der Leitung wieder in Schallwellen verwandelt, so ist das Unbewußte des Arztes befähigt, aus den ihm mitgeteilten Abkömmlingen des Unbewußten dieses Unbewußte, welches die Einfälle des Kranken determiniert hat, wiederherzustellen.

Wenn der Arzt aber imstande sein soll, sich seines Unbewußten in solcher Weise als Instrument bei der Analyse zu bedienen, so muß er selbst eine psychologische Bedingung in weitem Ausmaße erfüllen. Er darf in sich selbst keine Widerstände dulden, welche das von seinem Unbewußten Erkannte von seinem Bewußtsein abhalten, sonst würde er eine neue Art von Auswahl und Entstellung in die Analyse einführen, welche weit schädlicher wäre als die durch Anspannung seiner bewußten Aufmerksamkeit hervorgerufene. Es genügt nicht hiefür, daß er selbst ein annähernd normaler Mensch sei, man darf vielmehr die Forderung aufstellen, daß er sich einer psychoanalytischen Purifizierung unterzogen und von jenen Eigenkomplexen Kenntnis genommen habe, die geeignet wären, ihn in der Erfassung des vom Analysierten Dargebotenen zu stören. An der disqualifizierenden Wirkung solcher eigener Defekte kann billigerweise nicht gezweifelt werden; jede ungelöste Verdrängung beim Arzte entspricht nach einem treffenden Worte von W. Stekel einem »blinden Fleck« in seiner analytischen Wahrnehmung.

Vor Jahren erwiderte ich auf die Frage, wie man ein Analytiker werden könne: Durch die Analyse seiner eigenen Träume. Gewiß reicht diese Vorbereitung für viele Personen aus, aber nicht für alle, die die Analyse erlernen möchten. Auch gelingt es nicht allen, die eigenen Träume ohne fremde Hilfe zu deuten. Ich rechne es zu den vielen Verdiensten der Züricher analytischen Schule, daß sie die Bedingung verschärft und in der Forderung niedergelegt hat, es solle sich jeder, der Analysen an anderen ausführen will, vorher selbst einer Analyse bei einem Sachkundigen unterziehen. Wer es mit der Aufgabe ernst meint, sollte diesen Weg wählen, der mehr als einen Vorteil verspricht; das Opfer, sich ohne Krankheitszwang einer fremden Person eröffnet zu haben, wird reichlich gelohnt. Man wird nicht nur seine Absicht, das Verborgene der eigenen Person kennenzulernen, in weit kürzerer Zeit und mit geringerem affektiven Aufwand verwirklichen, sondern auch Eindrücke und Überzeugungen am eigenen Leibe gewinnen, die man durch das Studium von Büchern und Anhören von Vorträgen vergeblich anstrebt. Endlich ist auch der Gewinn aus der dauernden seelischen Beziehung nicht gering anzuschlagen, die sich zwischen dem Analysierten und seinem Einführenden herzustellen pflegt.

Ratschläge für den Arzt bei der psychoanalytischen Behandlung

Eine solche Analyse eines praktisch Gesunden wird begreiflicherweise unabgeschlossen bleiben. Wer den hohen Wert der durch sie erworbenen Selbsterkenntnis und Steigerung der Selbstbeherrschung zu würdigen weiß, wird die analytische Erforschung seiner eigenen Person nachher als Selbstanalyse fortsetzen und sich gerne damit bescheiden, daß er in sich wie außerhalb seiner immer Neues zu finden erwarten muß. Wer aber als Analytiker die Vorsicht der Eigenanalyse verschmäht hat, der wird nicht nur durch die Unfähigkeit bestraft, über ein gewisses Maß an seinen Kranken zu lernen, er unterliegt auch einer ernsthafteren Gefahr, die zur Gefahr für andere werden kann. Er wird leicht in die Versuchung geraten, was er in dumpfer Selbstwahrnehmung von den Eigentümlichkeiten seiner eigenen Person erkennt, als allgemeingültige Theorie in die Wissenschaft hinauszuprojizieren, er wird die psychoanalytische Methode in Mißkredit bringen und Unerfahrene irreleiten.

g) Ich füge noch einige andere Regeln an, in welchen der Übergang gemacht wird von der Einstellung des Arztes zur Behandlung des Analysierten.

Es ist gewiß verlockend für den jungen und eifrigen Psychoanalytiker, daß er viel von der eigenen Individualität einsetze, um den Patienten mit sich fortzureißen und ihn im Schwung über die Schranken seiner engen Persönlichkeit zu erheben. Man sollte meinen, es sei durchaus zulässig, ja zweckmäßig für die Überwindung der beim Kranken bestehenden Widerstände, wenn der Arzt ihm Einblick in die eigenen seelischen Defekte und Konflikte gestattet, ihm durch vertrauliche Mitteilungen aus seinem Leben die Gleichstellung ermöglicht. Ein Vertrauen ist doch das andere wert, und wer Intimität vom anderen fordert, muß ihm doch auch solche bezeugen.

Allein, im psychoanalytischen Verkehre läuft manches anders ab, als wir es nach den Voraussetzungen der Bewußtseinspsychologie erwarten dürfen. Die Erfahrung spricht nicht für die Vorzüglichkeit einer solchen affektiven Technik. Es ist auch nicht schwer einzusehen, daß man mit ihr den psychoanalytischen Boden verläßt und sich den Suggestionsbehandlungen annähert. Man erreicht so etwa, daß der Patient eher und leichter mitteilt, was ihm selbst bekannt ist und was er aus konventionellen Widerständen noch eine Weile zurückgehalten hätte. Für die Aufdeckung des dem Kranken Unbewußten leistet diese Technik nichts, sie macht ihn nur noch unfähiger, tiefere Widerstände zu überwinden, und sie versagt in schwereren Fällen regelmäßig an der regegemachten Unersättlichkeit des Kranken, der dann gerne das Verhältnis umkehren möchte und die Analyse des Arztes interessanter findet als die eigene. Auch die Lösung der Übertragung, eine der Hauptaufgaben der Kur, wird durch die intime Einstellung des Arztes erschwert, so daß der etwaige Gewinn zu Anfang schließlich mehr als wettgemacht wird. Ich stehe darum nicht an, diese Art der Technik als eine fehlerhafte zu verwerfen. Der Arzt soll undurchsichtig für den Analysierten sein und wie eine Spiegelplatte nichts anderes zeigen, als was ihm gezeigt wird. Es ist allerdings praktisch nichts dagegen zu sagen, wenn ein Psychotherapeut ein Stück Analyse mit einer Portion Suggestivbeeinflussung vermengt, um in kürzerer Zeit sichtbare Erfolge zu erzielen, wie es zum Beispiel in Anstalten notwendig wird, aber man darf verlangen, daß er selbst nicht im Zweifel darüber sei, was er vornehme, und daß er wisse, seine Methode sei nicht die der richtigen Psychoanalyse.

h) Eine andere Versuchung ergibt sich aus der erzieherischen Tätigkeit, die dem Arzte bei der psychoanalytischen Behandlung ohne besonderen Vorsatz zufällt. Bei der Lösung von Entwicklungshemmungen macht es sich von selbst, daß der Arzt in die Lage kommt, den frei gewordenen Strebungen neue Ziele anzuweisen. Es ist dann nur ein begreiflicher Ehrgeiz, wenn er sich bemüht, die Person, auf deren Befreiung von der Neurose er soviel Mühe aufgewendet hat, auch zu etwas besonders Vortrefflichem zu machen, und ihren Wünschen hohe Ziele vorschreibt. Aber auch hierbei sollte der Arzt sich in der Gewalt haben und weniger die eigenen Wünsche als die Eignung des Analysierten zur Richtschnur nehmen. Nicht alle Neurotiker bringen viel Talent zur Sublimierung mit; von vielen unter ihnen kann man annehmen, daß sie überhaupt nicht erkrankt wären, wenn sie die Kunst, ihre Triebe zu sublimieren, besessen hätten. Drängt man sie übermäßig zur Sublimierung und schneidet ihnen die nächsten und bequemsten Triebbefriedigungen ab, so macht man ihnen das Leben meist noch schwieriger, als sie es ohnedies empfinden. Als Arzt muß man vor allem tolerant sein gegen die Schwäche des Kranken, muß sich bescheiden, auch einem nicht

Ratschläge für den Arzt bei der psychoanalytischen Behandlung

Vollwertigen ein Stück Leistungs- und Genußfähigkeit wiedergewonnen zu haben. Der erzieherische Ehrgeiz ist sowenig zweckmäßig wie der therapeutische. Es kommt außerdem in Betracht, daß viele Personen gerade an dem Versuche erkrankt sind, ihre Triebe über das von ihrer Organisation gestattete Maß hinaus zu sublimieren, und daß sich bei den zur Sublimierung Befähigten dieser Prozeß von selbst zu vollziehen pflegt, sobald ihre Hemmungen durch die Analyse überwunden sind. Ich meine also, das Bestreben, die analytische Behandlung regelmäßig zur Triebsublimierung zu verwenden, ist zwar immer lobenswert, aber keineswegs in allen Fällen empfehlenswert.

i) In welchen Grenzen soll man die intellektuelle Mitarbeit des Analysierten bei der Behandlung in Anspruch nehmen? Es ist schwer, hierüber etwas allgemein Gültiges auszusagen. Die Persönlichkeit des Patienten entscheidet in erster Linie. Aber Vorsicht und Zurückhaltung sind hiebei jedenfalls zu beobachten. Es ist unrichtig, dem Analysierten Aufgaben zu stellen, er solle seine Erinnerung sammeln, über eine gewisse Zeit seines Lebens nachdenken u. dgl. Er hat vielmehr vor allem zu lernen, was keinem leichtfällt anzunehmen, daß durch geistige Tätigkeit von der Art des Nachdenkens, daß durch Willens- und Aufmerksamkeitsanstrengung keines der Rätsel der Neurose gelöst wird, sondern nur durch die geduldige Befolgung der psychoanalytischen Regel, welche die Kritik gegen das Unbewußte und dessen Abkömmlinge auszuschalten gebietet. Besonders unerbittlich sollte man auf der Befolgung dieser Regel bei jenen Kranken bestehen, die die Kunst üben, bei der Behandlung ins Intellektuelle auszuweichen, dann viel und oft sehr weise über ihren Zustand reflektieren und es sich so ersparen, etwas zu seiner Bewältigung zu tun. Ich nehme darum bei meinen Patienten auch die Lektüre analytischer Schriften nicht gerne zu Hilfe; ich verlange, daß sie an der eigenen Person lernen sollen, und versichere ihnen, daß sie dadurch mehr und Wertvolleres erfahren werden, als ihnen die gesamte psychoanalytische Literatur sagen könnte. Ich sehe aber ein, daß es unter den Bedingungen eines Anstaltsaufenthaltes sehr vorteilhaft werden kann, sich der Lektüre zur Vorbereitung der Analysierten und zur Herstellung einer Atmosphäre von Beeinflussung zu bedienen.

Am dringendsten möchte ich davor warnen, um die Zustimmung und Unterstützung von Eltern oder Angehörigen zu werben, indem man ihnen ein – einführendes oder tiefergehendes – Werk unserer Literatur zu lesen gibt. Meist reicht dieser wohlgemeinte Schritt hin, um die naturgemäße, irgendeinmal unvermeidliche Gegnerschaft der Angehörigen gegen die psychoanalytische Behandlung der Ihrigen vorzeitig losbrechen zu lassen, so daß es überhaupt nicht zum Beginne der Behandlung kommt.

Ich gebe der Hoffnung Ausdruck, daß die fortschreitende Erfahrung der Psychoanalytiker bald zu einer Einigung über die Fragen der Technik führen wird, wie man am zweckmäßigsten die Neurotiker behandeln solle. Was die Behandlung der »Angehörigen« betrifft, so gestehe ich meine völlige Ratlosigkeit ein und setze auf deren individuelle Behandlung überhaupt wenig Zutrauen.

ZUR EINLEITUNG DER BEHANDLUNG

WEITERE RATSCHLÄGE ZUR TECHNIK DER PSYCHOANALYSE, I

(1913)

ZUR EINLEITUNG DER BEHANDLUNG

Weitere Ratschläge zur Technik der Psychoanalyse, I[1]

Wer das edle Schachspiel aus Büchern erlernen will, der wird bald erfahren, daß nur die Eröffnungen und Endspiele eine erschöpfende systematische Darstellung gestatten, während die unübersehbare Mannigfaltigkeit der nach der Eröffnung beginnenden Spiele sich einer solchen versagt. Eifriges Studium von Partien, in denen Meister miteinander gekämpft haben, kann allein die Lücke in der Unterweisung ausfüllen. Ähnlichen Einschränkungen unterliegen wohl die Regeln, die man für die Ausübung der psychoanalytischen Behandlung geben kann.

Ich werde im folgenden versuchen, einige dieser Regeln für die Einleitung der Kur zum Gebrauche des praktischen Analytikers zusammenzustellen. Es sind Bestimmungen darunter, die kleinlich erscheinen mögen und es wohl auch sind. Zu ihrer Entschuldigung diene, daß es eben Spielregeln sind, die ihre Bedeutung aus dem Zusammenhange des Spielplanes schöpfen müssen. Ich tue aber gut daran, diese Regeln als »Ratschläge« auszugeben und keine unbedingte Verbindlichkeit für sie zu beanspruchen. Die außerordentliche Verschiedenheit der in Betracht kommenden psychischen Konstellationen, die Plastizität aller seelischen Vorgänge und der Reichtum an determinierenden Faktoren widersetzen sich auch einer Mechanisierung der Technik und gestatten es, daß ein sonst berechtigtes Vorgehen gelegentlich wirkungslos bleibt und ein für gewöhnlich fehlerhaftes einmal zum Ziele führt. Diese Verhältnisse hindern indes nicht, ein durchschnittlich zweckmäßiges Verhalten des Arztes festzustellen.

---

1 [Nur in der Erstausgabe findet sich die folgende Anmerkung zum Titel: »Fortsetzung einer Reihe von Abhandlungen, welche im *Zentralblatt für Psychoanalyse*, II, in Heft 3, 4 und 9 veröffentlicht worden sind. (Die Handhabung der Traumdeutung in der Psychoanalyse. – Zur Dynamik der Übertragung. – Ratschläge für den Arzt bei der psychoanalytischen Behandlung.)« Von 1924 an übernahmen alle deutschen Ausgaben den kurzen Titel ›Zur Einleitung der Behandlung‹ ohne Zusatz.]

Zur Dynamik der Übertragung

Die wichtigsten Indikationen für die Auswahl der Kranken habe ich bereits vor Jahren an anderer Stelle angegeben.[1] Ich wiederhole sie darum hier nicht; sie haben unterdes die Zustimmung anderer Psychoanalytiker gefunden. Ich füge aber hinzu, daß ich mich seither gewöhnt habe, Kranke, von denen ich wenig weiß, vorerst nur provisorisch, für die Dauer von einer bis zwei Wochen, anzunehmen. Bricht man innerhalb dieser Zeit ab, so erspart man dem Kranken den peinlichen Eindruck eines verunglückten Heilungsversuches. Man hat eben nur eine Sondierung vorgenommen, um den Fall kennenzulernen und um zu entscheiden, ob er für die Psychoanalyse geeignet ist. Eine andere Art der Erprobung als einen solchen Versuch hat man nicht zur Verfügung; noch solange fortgesetzte Unterhaltungen und Ausfragungen in der Sprechstunde würden keinen Ersatz bieten. Dieser Vorversuch aber ist bereits der Beginn der Psychoanalyse und soll den Regeln derselben folgen. Man kann ihn etwa dadurch gesondert halten, daß man hauptsächlich den Patienten reden läßt und ihm von Aufklärungen nicht mehr mitteilt, als zur Fortführung seiner Erzählung durchaus unerläßlich ist.

Die Einleitung der Behandlung mit einer solchen für einige Wochen angesetzten Probezeit hat übrigens auch eine diagnostische Motivierung. Oft genug, wenn man eine Neurose mit hysterischen oder Zwangssymptomen vor sich hat, von nicht exzessiver Ausprägung und von kürzerem Bestande, also gerade solche Formen, die man als günstig für die Behandlung ansehen wollte, muß man dem Zweifel Raum geben, ob der Fall nicht einem Vorstadium einer sogenannten Dementia praecox (Schizophrenie nach Bleuler, Paraphrenie nach meinem Vorschlage) entspricht und nach kürzerer oder längerer Zeit ein ausgesprochenes Bild dieser Affektion zeigen wird. Ich bestreite es, daß es immer so leicht möglich ist, die Unterscheidung zu treffen. Ich weiß, daß es Psychiater gibt, die in der Differentialdiagnose seltener schwanken, aber ich habe mich überzeugt, daß sie ebensohäufig irren. Der Irrtum ist nur für den Psychoanalytiker verhängnisvoller als für den sogenannten klinischen Psychiater. Denn der letztere unternimmt in dem einen Falle sowenig wie in dem anderen etwas Ersprießliches; er läuft nur die Gefahr eines

---

[1] Über Psychotherapie, 1905 (Ges. Werke, Bd. V).

Zur Einleitung der Behandlung

theoretischen Irrtums, und seine Diagnose hat nur akademisches Interesse. Der Psychoanalytiker hat aber im ungünstigen Falle einen praktischen Mißgriff begangen, er hat einen vergeblichen Aufwand verschuldet und sein Heilverfahren diskreditiert. Er kann sein Heilungsversprechen nicht halten, wenn der Kranke nicht an Hysterie oder Zwangsneurose, sondern an Paraphrenie leidet, und hat darum besonders starke Motive, den diagnostischen Irrtum zu vermeiden. In einer Probebehandlung von einigen Wochen wird er oft verdächtige Wahrnehmungen machen, die ihn bestimmen können, den Versuch nicht weiter fortzusetzen. Ich kann leider nicht behaupten, daß ein solcher Versuch regelmäßig eine sichere Entscheidung ermöglicht; es ist nur eine gute Vorsicht mehr.[1]

Lange Vorbesprechungen vor Beginn der analytischen Behandlung, eine andersartige Therapie vorher sowie frühere Bekanntschaft zwischen dem Arzt und dem zu Analysierenden haben bestimmte ungünstige Folgen, auf die man vorbereitet sein muß. Sie machen nämlich, daß der Patient dem Arzte in einer fertigen Übertragungseinstellung gegenübertritt, die der Arzt erst langsam aufdecken muß, anstatt daß er die Gelegenheit hat, das Wachsen und Werden der Übertragung von Anfang an zu beobachten. Der Patient hat so eine Zeitlang einen Vorsprung, den man ihm in der Kur nur ungern gönnt.

Gegen alle die, welche die Kur mit einem Aufschube beginnen wollen, sei man mißtrauisch. Die Erfahrung zeigt, daß sie nach Ablauf der vereinbarten Frist nicht eintreffen, auch wenn die Motivierung dieses Aufschubes, also die Rationalisierung des Vorsatzes, dem Uneingeweihten tadellos erscheint.

Besondere Schwierigkeiten ergeben sich, wenn zwischen dem Arzte und dem in die Analyse eintretenden Patienten oder deren Familien

---

1 Über das Thema dieser diagnostischen Unsicherheit, über die Chancen der Analyse bei leichten Formen von Paraphrenie und über die Begründung der Ähnlichkeit beider Affektionen wäre sehr viel zu sagen, was ich in diesem Zusammenhange nicht ausführen kann. Gern würde ich nach Jungs Vorgang Hysterie und Zwangsneurose als »*Übertragungsneurosen*« den paraphrenischen Affektionen als »*Introversionsneurosen*« gegenüberstellen, wenn bei diesem Gebrauch der Begriff der »Introversion« (der Libido) nicht seinem einzig berechtigten Sinne entfremdet würde.

Zur Dynamik der Übertragung

freundschaftliche oder gesellschaftliche Beziehungen bestanden haben. Der Psychoanalytiker, von dem verlangt wird, daß er die Ehefrau oder das Kind eines Freundes in Behandlung nehme, darf sich darauf vorbereiten, daß ihn das Unternehmen, wie immer es ausgehe, die Freundschaft kosten wird. Er muß doch das Opfer bringen, wenn er nicht einen vertrauenswürdigen Vertreter stellen kann.

Laien wie Ärzte, welche die Psychoanalyse immer noch gern mit einer Suggestivbehandlung verwechseln, pflegen hohen Wert auf die Erwartung zu legen, welche der Patient der neuen Behandlung entgegenbringt. Sie meinen oft, mit dem einen Kranken werde man nicht viel Mühe haben, denn er habe ein großes Zutrauen zur Psychoanalyse und sei von ihrer Wahrheit und ihrer Leistungsfähigkeit voll überzeugt. Bei einem anderen werde es wohl schwerer gehen, denn er verhalte sich skeptisch und wolle nichts glauben, ehe nicht den Erfolg an seiner eigenen Person gesehen habe. In Wirklichkeit hat aber diese Einstellung der Kranken eine recht geringe Bedeutung; sein vorläufiges Zutrauen oder Mißtrauen kommt gegen die inneren Widerstände, welche die Neurose verankern, kaum in Betracht. Die Vertrauensseligkeit des Patienten macht ja den ersten Verkehr mit ihm recht angenehm; man dankt ihm für sie, bereitet ihn aber darauf vor, daß seine günstige Voreingenommenheit an der ersten in der Behandlung auftauchenden Schwierigkeit zerschellen wird. Dem Skeptiker sagt man, daß die Analyse kein Vertrauen braucht, daß er so kritisch und mißtrauisch sein dürfe, als ihm beliebt, daß man seine Einstellung gar nicht auf die Rechnung seines Urteiles setzen wolle, denn er sei ja nicht in der Lage, sich ein verläßliches Urteil über diese Punkte zu bilden; sein Mißtrauen sei eben ein Symptom wie seine anderen Symptome, und es werde sich nicht störend erweisen, wenn er nur gewissenhaft befolgen wolle, was die Regel der Behandlung von ihm fordere.

Wer mit dem Wesen der Neurose vertraut ist, wird nicht erstaunt sein zu hören, daß auch derjenige, der sehr wohl befähigt ist, die Psychoanalyse an anderen auszuüben, sich benehmen kann wie ein anderer Sterblicher und die intensivsten Widerstände zu produzieren imstande ist, sobald er selbst zum Objekte der Psychoanalyse gemacht wird. Man bekommt dann wieder einmal den

Zur Einleitung der Behandlung

Eindruck der psychischen Tiefendimension und findet nichts Überraschendes daran, daß die Neurose in psychischen Schichten wurzelt, bis zu denen die analytische Bildung nicht hinabgedrungen ist.

Wichtige Punkte zu Beginn der analytischen Kur sind die Bestimmungen über *Zeit* und *Geld*.

In betreff der Zeit befolge ich ausschließlich das Prinzip des Vermietens einer bestimmten Stunde. Jeder Patient erhält eine gewisse Stunde meines verfügbaren Arbeitstages zugewiesen; sie ist die seine, und er bleibt für sie haftbar, auch wenn er sie nicht benützt. Diese Bestimmung, die für den Musik- oder Sprachlehrer in unserer guten Gesellschaft als selbstverständlich gilt, erscheint beim Arzte vielleicht hart oder selbst standesunwürdig. Man wird geneigt sein, auf die vielen Zufälligkeiten hinzuweisen, die den Patienten hindern mögen, jedesmal zu derselben Stunde beim Arzte zu erscheinen, und wird verlangen, daß den zahlreichen interkurrenten Erkrankungen Rechnung getragen werde, die im Verlaufe einer längeren analytischen Behandlung vorfallen können. Allein, meine Antwort ist: es geht nicht anders. Bei milderer Praxis häufen sich die »gelegentlichen« Absagen so sehr, daß der Arzt seine materielle Existenz gefährdet findet. Bei strenger Einhaltung dieser Bestimmung stellt sich dagegen heraus, daß hinderliche Zufälligkeiten überhaupt nicht vorkommen und interkurrente Erkrankungen nur sehr selten. Man kommt kaum je in die Lage, eine Muße zu genießen, deren man sich als Erwerbender zu schämen hätte; man kann die Arbeit ungestört fortsetzen und entgeht der peinlichen, verwirrenden Erfahrung, daß gerade dann immer eine unverschuldete Pause in der Arbeit eintreten muß, wenn sie besonders wichtig und inhaltsreich zu werden versprach. Von der Bedeutung der Psychogenie im täglichen Leben der Menschen, von der Häufigkeit der »Schulkrankheiten« und der Nichtigkeit des Zufalls gewinnt man erst eine ordentliche Überzeugung, wenn man einige Jahre hindurch Psychoanalyse betrieben hat unter strenger Befolgung des Prinzips der Stundenmiete. Bei unzweifelhaften organischen Affektionen, die durch das psychische Interesse doch nicht ausgeschlossen werden können, unterbreche ich die Behandlung, halte mich für berechtigt, die freigewordene Stunde anders zu vergeben, und nehme den Patienten wieder auf,

Zur Dynamik der Übertragung

sobald er hergestellt ist und ich eine andere Stunde freibekommen habe.
Ich arbeite mit meinen Patienten täglich mit Ausnahme der Sonntage und der großen Festtage, also für gewöhnlich sechsmal in der Woche. Für leichte Fälle oder Fortsetzungen von weit gediehenen Behandlungen reichen auch drei Stunden wöchentlich aus. Sonst bringen Einschränkungen an Zeit weder dem Arzte noch dem Patienten Vorteil; für den Anfang sind sie ganz zu verwerfen. Schon durch kurze Unterbrechungen wird die Arbeit immer ein wenig verschüttet; wir pflegten scherzhaft von einer »Montagskruste« zu sprechen, wenn wir nach der Sonntagsruhe von neuem begannen; bei seltener Arbeit besteht die Gefahr, daß man mit dem realen Erleben des Patienten nicht Schritt halten kann, daß die Kur den Kontakt mit der Gegenwart verliert und auf Seitenwege gedrängt wird. Gelegentlich trifft man auch auf Kranke, denen man mehr Zeit als das mittlere Maß von einer Stunde widmen muß, weil sie den größeren Teil einer Stunde verbrauchen, um aufzutauen, überhaupt mitteilsam zu werden.
Eine dem Arzte unliebsame Frage, die der Kranke zu allem Anfange an ihn richtet, lautet: Wie lange Zeit wird die Behandlung dauern? Welche Zeit brauchen Sie, um mich von meinem Leiden zu befreien? Wenn man eine Probebehandlung von einigen Wochen vorgeschlagen hat, entzieht man sich der direkten Beantwortung dieser Frage, indem man verspricht, nach Ablauf der Probezeit eine zuverlässigere Aussage abgeben zu können. Man antwortet gleichsam wie der Äsop der Fabel dem Wanderer, der nach der Länge des Weges fragt, mit der Aufforderung: Geh, und erläutert den Bescheid durch die Begründung, man müsse zuerst den Schritt des Wanderers kennenlernen, ehe man die Dauer seiner Wanderung berechnen könne. Mit dieser Auskunft hilft man sich über die ersten Schwierigkeiten hinweg, aber der Vergleich ist nicht gut, denn der Neurotiker kann leicht sein Tempo verändern und zuzeiten nur sehr langsame Fortschritte machen. Die Frage nach der voraussichtlichen Dauer der Behandlung ist in Wahrheit kaum zu beantworten.
Die Einsichtslosigkeit der Kranken und die Unaufrichtigkeit der Ärzte vereinigen sich zu dem Effekt, an die Analyse die maßlosesten Ansprüche zu stellen und ihr dabei die knappste Zeit einzuräumen.

Zur Einleitung der Behandlung

Ich teile zum Beispiel aus dem Briefe einer Dame in Rußland, der vor wenigen Tagen an mich gekommen ist, folgende Daten mit. Sie ist 53[1] Jahre alt, seit 23 Jahren leidend, seit zehn Jahren keiner anhaltenden Arbeit mehr fähig. »Behandlung in mehreren Nervenheilanstalten« hat es nicht vermocht, ihr ein »aktives Leben« zu ermöglichen. Sie hofft durch die Psychoanalyse, über die sie gelesen hat, ganz geheilt zu werden. Aber ihre Behandlung hat ihre Familie schon so viel gekostet, daß sie keinen längeren Aufenthalt in Wien nehmen kann als sechs Wochen oder zwei Monate. Dazu kommt die Erschwerung, daß sie sich von Anfang an nur schriftlich »deutlich machen« will, denn Antasten ihrer Komplexe würde bei ihr eine Explosion hervorrufen oder sie »zeitlich verstummen lassen«. – Niemand würde sonst erwarten, daß man einen schweren Tisch mit zwei Fingern heben werde wie einen leichten Schemel oder daß man ein großes Haus in derselben Zeit bauen könne wie ein Holzhüttchen, doch sowie es sich um die Neurosen handelt, die in den Zusammenhang des menschlichen Denkens derzeit noch nicht eingereiht scheinen, vergessen selbst intelligente Personen an die notwendige Proportionalität zwischen Zeit, Arbeit und Erfolg. Übrigens eine begreifliche Folge der tiefen Unwissenheit über die Ätiologie der Neurosen. Dank dieser Ignoranz ist ihnen die Neurose eine Art »Mädchen aus der Fremde«. Man wußte nicht, woher sie kam, und darum erwartet man, daß sie eines Tages entschwunden sein wird. Die Ärzte unterstützen diese Vertrauensseligkeit; auch wissende unter ihnen schätzen häufig die Schwere der neurotischen Erkrankungen nicht ordentlich ein. Ein befreundeter Kollege, dem ich es hoch anrechne, daß er sich nach mehreren Dezennien wissenschaftlicher Arbeit auf anderen Voraussetzungen zur Würdigung der Psychoanalyse bekehrt hat, schrieb mir einmal: Was uns not tut, ist eine kurze, bequeme, ambulatorische Behandlung der Zwangsneurosen. Ich konnte damit nicht dienen, schämte mich und suchte mich mit der Bemerkung zu entschuldigen, daß wahrscheinlich auch die Internisten mit einer Therapie der Tuberkulose oder des Karzinoms, welche diese Vorzüge vereinte, sehr zufrieden sein würden.

---

1 [In den Ausgaben vor 1925 steht hier: »33«.]

Zur Dynamik der Übertragung

Um es direkter zu sagen, es handelt sich bei der Psychoanalyse immer um lange Zeiträume, halbe oder ganze Jahre, um längere, als der Erwartung des Kranken entspricht. Man hat daher die Verpflichtung, dem Kranken diesen Sachverhalt zu eröffnen, ehe er sich endgültig für die Behandlung entschließt. Ich halte es überhaupt für würdiger, aber auch für zweckmäßiger, wenn man ihn, ohne gerade auf seine Abschreckung hinzuarbeiten, doch von vornherein auf die Schwierigkeiten und Opfer der analytischen Therapie aufmerksam macht und ihm so jede Berechtigung nimmt, später einmal zu behaupten, man habe ihn in die Behandlung, deren Umfang und Bedeutung er nicht gekannt habe, gelockt. Wer sich durch solche Mitteilungen abhalten läßt, der hätte sich später doch als unbrauchbar erwiesen. Es ist gut, eine derartige Auslese vor dem Beginne der Behandlung vorzunehmen. Mit dem Fortschritte der Aufklärung unter den Kranken wächst doch die Zahl derjenigen, welche diese erste Probe bestehen.

Ich lehne es ab, die Patienten auf eine gewisse Dauer des Ausharrens in der Behandlung zu verpflichten, gestatte jedem, die Kur abzubrechen, wann es ihm beliebt, verhehle ihm aber nicht, daß ein Abbruch nach kurzer Arbeit keinen Erfolg zurücklassen wird und ihn leicht wie eine unvollendete Operation in einen unbefriedigenden Zustand versetzen kann. In den ersten Jahren meiner psychoanalytischen Tätigkeit fand ich die größte Schwierigkeit, die Kranken zum Verbleiben zu bewegen; diese Schwierigkeit hat sich längst verschoben, ich muß jetzt ängstlich bemüht sein, sie auch zum Aufhören zu nötigen.

Die Abkürzung der analytischen Kur bleibt ein berechtigter Wunsch, dessen Erfüllung, wie wir hören werden, auf verschiedenen Wegen angestrebt wird. Es steht ihr leider ein sehr bedeutsames Moment entgegen, die Langsamkeit, mit der sich tiefgreifende seelische Veränderungen vollziehen, in letzter Linie wohl die »Zeitlosigkeit« unserer unbewußten Vorgänge. Wenn die Kranken vor die Schwierigkeit des großen Zeitaufwandes für die Analyse gestellt werden, so wissen sie nicht selten ein gewisses Auskunftsmittel vorzuschlagen. Sie teilen ihre Beschwerden in solche ein, die sie als unerträglich, und andere, die sie als nebensächlich beschreiben, und sagen: Wenn Sie mich nur von dem einen (zum Beispiel dem Kopf-

Zur Einleitung der Behandlung

schmerz, der bestimmten Angst) befreien, mit dem anderen will ich schon selbst im Leben fertig werden. Sie überschätzen dabei aber die elektive Macht der Analyse. Gewiß vermag der analytische Arzt viel, aber er kann nicht genau bestimmen, was er zustande bringen wird. Er leitet einen Prozeß ein, den der Auflösung der bestehenden Verdrängungen, er kann ihn überwachen, fördern, Hindernisse aus dem Wege räumen, gewiß auch viel an ihm verderben. Im ganzen aber geht der einmal eingeleitete Prozeß seinen eigenen Weg und läßt sich weder seine Richtung noch die Reihenfolge der Punkte, die er angreift, vorschreiben. Mit der Macht des Analytikers über die Krankheitserscheinungen steht es also ungefähr so wie mit der männlichen Potenz. Der kräftigste Mann kann zwar ein ganzes Kind zeugen, aber nicht im weiblichen Organismus einen Kopf allein, einen Arm oder ein Bein entstehen lassen; er kann nicht einmal über das Geschlecht des Kindes bestimmen. Er leitet eben auch nur einen höchst verwickelten und durch alte Geschehnisse determinierten Prozeß ein, der mit der Lösung des Kindes von der Mutter endet. Auch die Neurose eines Menschen besitzt die Charaktere eines Organismus, ihre Teilerscheinungen sind nicht unabhängig voneinander, sie bedingen einander, pflegen sich gegenseitig zu stützen; man leidet immer nur an einer Neurose, nicht an mehreren, die zufällig in einem Individuum zusammengetroffen sind. Der Kranke, den man nach seinem Wunsche von dem einen unerträglichen Symptome befreit hat, könnte leicht die Erfahrung machen, daß nun ein bisher mildes Symptom sich zur Unerträglichkeit steigert. Wer überhaupt den Erfolg von seinen suggestiven (das heißt Übertragungs-)Bedingungen möglichst ablösen will, der tut gut daran, auch auf die Spuren elektiver Beeinflussung des Heilerfolges, die dem Arzte etwa zustehen, zu verzichten. Dem Psychoanalytiker müssen diejenigen Patienten am liebsten sein, welche die volle Gesundheit, soweit sie zu haben ist, von ihm fordern und ihm so viel Zeit zur Verfügung stellen, als der Prozeß der Herstellung verbraucht. Natürlich sind so günstige Bedingungen nur in wenig Fällen zu erwarten.

Der nächste Punkt, über den zu Beginn einer Kur entschieden werden soll, ist das Geld, das Honorar des Arztes. Der Analytiker stellt nicht in Abrede, daß Geld in erster Linie als Mittel zur Selbsterhal-

Zur Dynamik der Übertragung

tung und Machtgewinnung zu betrachten ist, aber er behauptet, daß mächtige sexuelle Faktoren an der Schätzung des Geldes mitbeteiligt sind. Er kann sich dann darauf berufen, daß Geldangelegenheiten von den Kulturmenschen in ganz ähnlicher Weise behandelt werden wie sexuelle Dinge, mit derselben Zwiespältigkeit, Prüderie und Heuchelei. Er ist also von vornherein entschlossen, dabei nicht mitzutun, sondern Geldbeziehungen mit der nämlichen selbstverständlichen Aufrichtigkeit vor dem Patienten zu behandeln, zu der er ihn in Sachen des Sexuallebens erziehen will. Er beweist ihm, daß er selbst eine falsche Scham abgelegt hat, indem er unaufgefordert mitteilt, wie er seine Zeit einschätzt. Menschliche Klugheit gebietet dann, nicht große Summen zusammenkommen zu lassen, sondern nach kürzeren regelmäßigen Zeiträumen (etwa monatlich) Zahlung zu nehmen. (Man erhöht, wie bekannt, die Schätzung der Behandlung beim Patienten nicht, wenn man sie sehr wohlfeil gibt.) Das ist, wie man weiß, nicht die gewöhnliche Praxis des Nervenarztes oder des Internisten in unserer europäischen Gesellschaft. Aber der Psychoanalytiker darf sich in die Lage des Chirurgen versetzen, der aufrichtig und kostspielig ist, weil er über Behandlungen verfügt, welche helfen können. Ich meine, es ist doch würdiger und ethisch unbedenklicher, sich zu seinen wirklichen Ansprüchen und Bedürfnissen zu bekennen, als, wie es jetzt noch unter Ärzten gebräuchlich ist, den uneigennützigen Menschenfreund zu agieren, dessen Situation einem doch versagt ist, und sich dafür im stillen über die Rücksichtslosigkeit und die Ausbeutungssucht der Patienten zu grämen oder laut darüber zu schimpfen. Der Analytiker wird für seinen Anspruch auf Bezahlung noch geltend machen, daß er bei schwerer Arbeit nie so viel erwerben kann wie andere medizinische Spezialisten.

Aus denselben Gründen wird er es auch ablehnen dürfen, ohne Honorar zu behandeln, und auch zugunsten der Kollegen oder ihrer Angehörigen keine Ausnahme machen. Die letzte Forderung scheint gegen die ärztliche Kollegialität zu verstoßen; man halte sich aber vor, daß eine Gratisbehandlung für den Psychoanalytiker weit mehr bedeutet als für jeden anderen, nämlich die Entziehung eines ansehnlichen Bruchteiles seiner für den Erwerb verfügbaren Arbeitszeit (eines Achtels, Siebentels u. dgl.) auf die Dauer von vielen

Zur Einleitung der Behandlung

Monaten. Eine gleichzeitige zweite Gratisbehandlung raubt ihm bereits ein Viertel oder Drittel seiner Erwerbsfähigkeit, was der Wirkung eines schweren traumatischen Unfalles gleichzusetzen wäre.

Es fragt sich dann, ob der Vorteil für den Kranken das Opfer des Arztes einigermaßen aufwiegt. Ich darf mir wohl ein Urteil darüber zutrauen, denn ich habe durch etwa zehn Jahre täglich eine Stunde, zeitweise auch zwei, Gratisbehandlungen gewidmet, weil ich zum Zwecke der Orientierung in der Neurose möglichst widerstandsfrei arbeiten wollte. Ich fand dabei die Vorteile nicht, die ich suchte. Manche der Widerstände des Neurotikers werden durch die Gratisbehandlung enorm gesteigert, so beim jungen Weibe die Versuchung, die in der Übertragungsbeziehung enthalten ist, beim jungen Manne das aus dem Vaterkomplex stammende Sträuben gegen die Verpflichtung der Dankbarkeit, das zu den widrigsten Erschwerungen der ärztlichen Hilfeleistung gehört. Der Wegfall der Regulierung, die doch durch die Bezahlung an den Arzt gegeben ist, macht sich sehr peinlich fühlbar; das ganze Verhältnis rückt aus der realen Welt heraus; ein gutes Motiv, die Beendigung der Kur anzustreben, wird dem Patienten entzogen.

Man kann der asketischen Verdammung des Geldes ganz fernestehen und darf es doch bedauern, daß die analytische Therapie aus äußeren wie aus inneren Gründen den Armen fast unzugänglich ist. Es ist wenig dagegen zu tun. Vielleicht hat die viel verbreitete Behauptung recht, daß der weniger leicht der Neurose verfällt, wer durch die Not des Lebens zu harter Arbeit gezwungen ist. Aber ganz unbestreitbar steht die andere Erfahrung da, daß der Arme, der einmal eine Neurose zustande gebracht hat, sich dieselbe nur sehr schwer entreißen läßt. Sie leistet ihm zu gute Dienste im Kampfe um die Selbstbehauptung; der sekundäre Krankheitsgewinn, den sie ihm bringt, ist allzu bedeutend. Das Erbarmen, das die Menschen seiner materiellen Not versagt haben, beansprucht er jetzt unter dem Titel seiner Neurose und kann sich von der Forderung, seine Armut durch Arbeit zu bekämpfen, selbst freisprechen. Wer die Neurose eines Armen mit den Mitteln der Psychotherapie angreift, macht also in der Regel die Erfahrung, daß in diesem Falle eigentlich eine Aktualtherapie ganz anderer Art von ihm gefordert wird, eine

Therapie, wie sie nach der bei uns heimischen Sage Kaiser Josef II. zu üben pflegte. Natürlich findet man doch gelegentlich wertvolle und ohne ihre Schuld hilflose Menschen, bei denen die unentgeltliche Behandlung nicht auf die angeführten Hindernisse stößt und schöne Erfolge erzielt.

Für den Mittelstand ist der für die Psychoanalyse benötigte Geldaufwand nur scheinbar ein übermäßiger. Ganz abgesehen davon, daß Gesundheit und Leistungsfähigkeit einerseits, ein mäßiger Geldaufwand anderseits überhaupt inkommensurabel sind, wenn man die nie aufhörenden Ausgaben für Sanatorien und ärztliche Behandlung zusammenrechnet und ihnen die Steigerung der Leistungs- und Erwerbsfähigkeit nach glücklich beendeter analytischer Kur gegenüberstellt, darf man sagen, daß die Kranken einen guten Handel gemacht haben. Es ist nichts Kostspieligeres im Leben als die Krankheit und – die Dummheit.

Ehe ich diese Bemerkungen zur Einleitung der analytischen Behandlung beschließe, noch ein Wort über ein gewisses Zeremoniell der Situation, in welcher die Kur ausgeführt wird. Ich halte an dem Rate fest, den Kranken auf einem Ruhebett lagern zu lassen, während man hinter ihm, von ihm ungesehen, Platz nimmt. Diese Veranstaltung hat einen historischen Sinn, sie ist der Rest der hypnotischen Behandlung, aus welcher sich die Psychoanalyse entwickelt hat. Sie verdient aber aus mehrfachen Gründen festgehalten zu werden. Zunächst wegen eines persönlichen Motivs, das aber andere mit mir teilen mögen. Ich vertrage es nicht, acht Stunden täglich (oder länger) von anderen angestarrt zu werden. Da ich mich während des Zuhörens selbst dem Ablauf meiner unbewußten Gedanken überlasse, will ich nicht, daß meine Mienen dem Patienten Stoff zu Deutungen geben oder ihn in seinen Mitteilungen beeinflussen. Der Patient faßt die ihm aufgezwungene Situation gewöhnlich als Entbehrung auf und sträubt sich gegen sie, besonders wenn der Schautrieb (das Voyeurtum) in seiner Neurose eine bedeutende Rolle spielt. Ich beharre aber auf dieser Maßregel, welche die Absicht und den Erfolg hat, die unmerkliche Vermengung der Übertragung mit den Einfällen des Patienten zu verhüten, die Übertragung zu isolieren und sie zur Zeit als Widerstand scharf umschrieben hervortreten zu lassen. Ich weiß, daß viele Analytiker es anders ma-

Zur Einleitung der Behandlung

chen, aber ich weiß nicht, ob die Sucht, es anders zu machen, oder ob ein Vorteil, den sie dabei gefunden haben, mehr Anteil an ihrer Abweichung hat.

Wenn nun die Bedingungen der Kur in solcher Weise geregelt sind, erhebt sich die Frage, an welchem Punkte und mit welchem Materiale soll man die Behandlung beginnen?

Es ist im ganzen gleichgültig, mit welchem Stoffe man die Behandlung beginnt, ob mit der Lebensgeschichte, der Krankengeschichte oder den Kindheitserinnerungen des Patienten. Jedenfalls aber so, daß man den Patienten erzählen läßt und ihm die Wahl des Anfangspunktes freistellt. Man sagt ihm also: Ehe ich Ihnen etwas sagen kann, muß ich viel über Sie erfahren haben; bitte teilen Sie mir mit, was Sie von sich wissen.

Nur für die Grundregel der psychoanalytischen Technik, die der Patient zu beobachten hat, macht man eine Ausnahme. Mit dieser macht man ihn von allem Anfang an bekannt: Noch eines, ehe Sie beginnen. Ihre Erzählung soll sich doch in einem Punkte von einer gewöhnlichen Konversation unterscheiden. Während Sie sonst mit Recht versuchen, in Ihrer Darstellung den Faden des Zusammenhanges festzuhalten, und alle störenden Einfälle und Nebengedanken abweisen, um nicht, wie man sagt, aus dem Hundertsten ins Tausendste zu kommen, sollen Sie hier anders vorgehen. Sie werden beobachten, daß Ihnen während Ihrer Erzählung verschiedene Gedanken kommen, welche Sie mit gewissen kritischen Einwendungen zurückweisen möchten. Sie werden versucht sein, sich zu sagen: Dies oder jenes gehört nicht hieher, oder es ist ganz unwichtig, oder es ist unsinnig, man braucht es darum nicht zu sagen. Geben Sie dieser Kritik niemals nach und sagen Sie es trotzdem, ja gerade darum, weil Sie eine Abneigung dagegen verspüren. Den Grund für diese Vorschrift – eigentlich die einzige, die Sie befolgen sollen – werden Sie später erfahren und einsehen lernen. Sagen Sie also alles, was Ihnen durch den Sinn geht. Benehmen Sie sich so wie zum Beispiel ein Reisender, der am Fensterplatze des Eisenbahnwagens sitzt und dem im Inneren Untergebrachten beschreibt, wie sich vor seinen Blicken die Aussicht verändert. Endlich vergessen Sie nie daran, daß Sie volle Aufrichtigkeit versprochen haben, und gehen Sie nie über etwas

Zur Dynamik der Übertragung

hinweg, weil Ihnen dessen Mitteilung aus irgendeinem Grunde unangenehm ist.[1]
Patienten, die ihr Kranksein von einem bestimmten Momente an rechnen, stellen sich gewöhnlich auf die Krankheitsveranlassung ein; andere, die den Zusammenhang ihrer Neurose mit ihrer Kindheit selbst nicht verkennen, beginnen oft mit der Darstellung ihrer

---

1 Über die Erfahrungen mit der ψα Grundregel wäre viel zu sagen. Man trifft gelegentlich auf Personen, die sich benehmen, als ob sie sich diese Regel selbst gegeben hätten. Andere sündigen gegen sie von allem Anfang an. Ihre Mitteilung ist in den ersten Stadien der Behandlung unerläßlich, auch nutzbringend; später unter der Herrschaft der Widerstände versagt der Gehorsam gegen sie, und für jeden kommt irgend einmal die Zeit, sich über sie hinauszusetzen. Man muß sich aus seiner Selbstanalyse daran erinnern, wie unwiderstehlich die Versuchung auftritt, jenen kritischen Vorwänden zur Abweisung von Einfällen nachzugeben. Von der geringen Wirksamkeit solcher Verträge, wie man sie durch die Aufstellung der ψα Grundregel mit dem Patienten schließt, kann man sich regelmäßig überzeugen, wenn sich zum erstenmal etwas Intimes über dritte Personen zur Mitteilung einstellt. Der Patient weiß, daß er alles sagen soll, aber er macht aus der Diskretion gegen andere eine neue Abhaltung. »Soll ich wirklich alles sagen? Ich habe geglaubt, das gilt nur für Dinge, die mich selbst betreffen.« Es ist natürlich unmöglich, eine analytische Behandlung durchzuführen, bei der die Beziehungen des Patienten zu anderen Personen und seine Gedanken über sie von der Mitteilung ausgenommen sind. *Pour faire une omelette il faut casser des œufs.* Ein anständiger Mensch vergißt bereitwillig, was ihm von solchen Geheimnissen fremder Leute nicht wissenswert erscheint. Auch auf die Mitteilung von Namen kann man nicht verzichten; die Erzählungen des Patienten bekommen sonst etwas Schattenhaftes wie die Szenen der »Natürlichen Tochter« Goethes, was im Gedächtnis des Arztes nicht haften will; auch decken die zurückgehaltenen Namen den Zugang zu allerlei wichtigen Beziehungen. Man kann Namen etwa reservieren lassen, bis der Analysierte mit dem Arzt und dem Verfahren vertrauter geworden ist. Es ist sehr merkwürdig, daß die ganze Aufgabe unlösbar wird, sowie man die Reserve an einer einzigen Stelle gestattet hat. Aber man bedenke, wenn bei uns ein Asylrecht, zum Beispiel für einen einzigen Platz in der Stadt, bestände, wie lange es brauchen würde, bis alles Gesindel der Stadt auf diesem einen Platze zusammenträfe. Ich behandelte einmal einen hohen Funktionär, der durch seinen Diensteid genötigt war, gewisse Dinge als Staatsgeheimnisse vor der Mitteilung zu bewahren, und scheiterte bei ihm an dieser Einschränkung. Die psychoanalytische Behandlung muß sich über alle Rücksichten hinaussetzen, weil die Neurose und ihre Widerstände rücksichtslos sind.

Zur Einleitung der Behandlung

ganzen Lebensgeschichte. Eine systematische Erzählung erwarte man auf keinen Fall und tue nichts dazu, sie zu fördern. Jedes Stückchen der Geschichte wird später von neuem erzählt werden müssen, und erst bei diesen Wiederholungen werden die Zusätze erscheinen, welche die wichtigen, dem Kranken unbekannten Zusammenhänge vermitteln.

Es gibt Patienten, die sich von den ersten Stunden an sorgfältig auf ihre Erzählung vorbereiten, angeblich um so die bessere Ausnützung der Behandlungszeit zu sichern. Was sich so als Eifer drapiert, ist Widerstand. Man widerrate solche Vorbereitung, die nur zum Schutze gegen das Auftauchen unerwünschter Einfälle geübt wird.[1] Mag der Kranke noch so aufrichtig an seine löbliche Absicht glauben, der Widerstand wird seinen Anteil an der absichtlichen Vorbereitungsart fordern und es durchsetzen, daß das wertvollste Material der Mitteilung entschlüpft. Man wird bald merken, daß der Patient noch andere Methoden erfindet, um der Behandlung das Verlangte zu entziehen. Er wird sich etwa täglich mit einem intimen Freunde über die Kur besprechen und in dieser Unterhaltung alle die Gedanken unterbringen, die sich ihm im Beisein des Arztes aufdrängen sollten. Die Kur hat dann ein Leck, durch das gerade das Beste verrinnt. Es wird dann bald an der Zeit sein, dem Patienten anzuraten, daß er seine analytische Kur als eine Angelegenheit zwischen seinem Arzte und ihm selbst behandle und alle anderen Personen, mögen sie noch so nahestehend oder noch so neugierig sein, von der Mitwisserschaft ausschließe. In späteren Stadien der Behandlung ist der Patient in der Regel solchen Versuchungen nicht unterworfen.

Kranken, die ihre Behandlung geheimhalten wollen, oft darum, weil sie auch ihre Neurose geheimgehalten haben, lege ich keine Schwierigkeiten in den Weg. Es kommt natürlich nicht in Betracht, wenn infolge dieser Reservation einige der schönsten Heilerfolge ihre Wirkung auf die Mitwelt verfehlen. Die Entscheidung der Patienten für das Geheimnis bringt selbstverständlich bereits einen Zug ihrer Geheimgeschichte ans Licht.

---

1 Ausnahmen lasse man nur zu für Daten wie: Familientafel, Aufenthalte, Operationen u. dgl.

Wenn man den Kranken einschärft, zu Beginn ihrer Behandlung möglichst wenig Personen zu Mitwissern zu machen, so schützt man sie dadurch auch einigermaßen vor den vielen feindseligen Einflüssen, die es versuchen werden, sie der Analyse abspenstig zu machen. Solche Beeinflussungen können zu Anfang der Kur verderblich werden. Späterhin sind sie meist gleichgültig oder selbst nützlich, um Widerstände, die sich verbergen wollen, zum Vorscheine zu bringen.

Bedarf der Patient während der analytischen Behandlung vorübergehend einer anderen, internen oder spezialistischen Therapie, so ist es weit zweckmäßiger, einen nicht analytischen Kollegen in Anspruch zu nehmen, als diese andere Hilfeleistung selbst zu besorgen. Kombinierte Behandlungen wegen neurotischer Leiden mit starker organischer Anlehnung sind meist undurchführbar. Die Patienten lenken ihr Interesse von der Analyse ab, sowie man ihnen mehr als einen Weg zeigt, der zur Heilung führen soll. Am besten schiebt man die organische Behandlung bis nach Abschluß der psychischen auf; würde man die erstere voranschicken, so bliebe sie in den meisten Fällen erfolglos.

Kehren wir zur Einleitung der Behandlung zurück. Man wird gelegentlich Patienten begegnen, die ihre Kur mit der ablehnenden Versicherung beginnen, daß ihnen nichts einfalle, was sie erzählen könnten, obwohl das ganze Gebiet der Lebens- und Krankheitsgeschichte unberührt vor ihnen liegt. Auf die Bitte, ihnen doch anzugeben, wovon sie sprechen sollen, gehe man nicht ein, dieses erste Mal sowenig wie spätere Male. Man halte sich vor, womit man es in solchen Fällen zu tun hat. Ein starker Widerstand ist da in die Front gerückt, um die Neurose zu verteidigen; man nehme die Herausforderung sofort an und rücke ihm an den Leib. Die energisch wiederholte Versicherung, daß es solches Ausbleiben aller Einfälle zu Anfang nicht gibt und daß es sich um einen Widerstand gegen die Analyse handle, nötigt den Patienten bald zu den vermuteten Geständnissen oder deckt ein erstes Stück seiner Komplexe auf. Es ist böse, wenn er gestehen muß, daß er sich während des Anhörens der Grundregel die Reservation geschaffen hat, dies oder jenes werde er doch für sich behalten. Minder arg, wenn er nur mitzuteilen braucht, welches Mißtrauen er der Analyse entgegenbringt oder

Zur Einleitung der Behandlung

was für abschreckende Dinge er über sie gehört habe. Stellt er diese und ähnliche Möglichkeiten, die man ihm vorhält, in Abrede, so kann man ihn durch Drängen zum Eingeständnis nötigen, daß er doch gewisse Gedanken, die ihn beschäftigen, vernachlässigt hat. Er hat an die Kur selbst gedacht, aber an nichts Bestimmtes, oder das Bild des Zimmers, in dem er sich befindet, hat ihn beschäftigt, oder er muß an die Gegenstände im Behandlungsraum denken und daß er hier auf einem Diwan liegt, was er alles durch die Auskunft »Nichts« ersetzt hat. Diese Andeutungen sind wohl verständlich; alles was an die gegenwärtige Situation anknüpft, entspricht einer Übertragung auf den Arzt, die sich zu einem Widerstande geeignet erweist. Man ist so genötigt, mit der Aufdeckung dieser Übertragung zu beginnen; von ihr aus findet sich rasch der Weg zum Eingange in das pathogene Material des Kranken. Frauen, die nach dem Inhalte ihrer Lebensgeschichte auf eine sexuelle Aggression vorbereitet sind, Männer mit überstarker verdrängter Homosexualität werden am ehesten der Analyse eine solche Verweigerung der Einfälle vorausschicken.

Wie der erste Widerstand, so können auch die ersten Symptome oder Zufallshandlungen der Patienten ein besonderes Interesse beanspruchen und einen ihre Neurose beherrschenden Komplex verraten. Ein geistreicher junger Philosoph, mit exquisiten ästhetischen Einstellungen, beeilt sich, den Hosenstreif zurechtzuzupfen, ehe er sich zur ersten Behandlung niederlegt; er erweist sich als dereinstiger Koprophile von höchstem Raffinement, wie es für den späteren Ästheten zu erwarten stand. Ein junges Mädchen zieht in der gleichen Situation hastig den Saum ihres Rockes über den vorschauenden Knöchel; sie hat damit das Beste verraten, was die spätere Analyse aufdecken wird, ihren narzißtischen Stolz auf ihre Körperschönheit und ihre Exhibitionsneigungen.

Besonders viele Patienten sträuben sich gegen die ihnen vorgeschlagene Lagerung, während der Arzt ungesehen hinter ihnen sitzt, und bitten um die Erlaubnis, die Behandlung in anderer Position durchzumachen, zumeist, weil sie den Anblick des Arztes nicht entbehren wollen. Es wird ihnen regelmäßig verweigert; man kann sie aber nicht daran hindern, daß sie sich's einrichten, einige Sätze vor Beginn der »Sitzung« zu sprechen oder nach der angekündigten Been-

digung derselben, wenn sie sich vom Lager erhoben haben. Sie teilen sich so die Behandlung in einen offiziellen Abschnitt, während dessen sie sich meist sehr gehemmt benehmen, und in einen »gemütlichen«, in dem sie wirklich frei sprechen und allerlei mitteilen, was sie selbst nicht zur Behandlung rechnen. Der Arzt läßt sich diese Scheidung nicht lange gefallen, er merkt auf das vor oder nach der Sitzung Gesprochene, und indem er es bei nächster Gelegenheit verwertet, reißt er die Scheidewand nieder, die der Patient aufrichten wollte. Dieselbe wird wiederum aus dem Material eines Übertragungswiderstandes gezimmert sein.
Solange nun die Mitteilungen und Einfälle des Patienten ohne Stockung erfolgen, lasse man das Thema der Übertragung unberührt.
Man warte mit dieser heikelsten aller Prozeduren, bis die Übertragung zum Widerstande geworden ist.
Die nächste Frage, vor die wir uns gestellt finden, ist eine prinzipielle. Sie lautet: Wann sollen wir mit den Mitteilungen an den Analysierten beginnen? Wann ist es Zeit, ihm die geheime Bedeutung seiner Einfälle zu enthüllen, ihn in die Voraussetzungen und technischen Prozeduren der Analyse einzuweihen?
Die Antwort hierauf kann nur lauten: Nicht eher, als bis sich eine leistungsfähige Übertragung, ein ordentlicher Rapport, bei dem Patienten hergestellt hat. Das erste Ziel der Behandlung bleibt, ihn an die Kur und an die Person des Arztes zu attachieren. Man braucht nichts anderes dazu zu tun, als ihm Zeit zu lassen. Wenn man ihm ernstes Interesse bezeugt, die anfangs auftauchenden Widerstände sorgfältig beseitigt und gewisse Mißgriffe vermeidet, stellt der Patient ein solches Attachement von selbst her und reiht den Arzt an eine der Imagines jener Personen an, von denen er Liebes zu empfangen gewohnt war. Man kann sich diesen ersten Erfolg allerdings verscherzen, wenn man von Anfang an einen anderen Standpunkt einnimmt als den der Einfühlung, etwa einen moralisierenden, oder wenn man sich als Vertreter oder Mandatar einer Partei gebärdet, des anderen Eheteiles etwa usw.[1]

---

1 [Nur in der Erstausgabe lautet der zweite Teil des Satzes: »...wenn man sich als Vertreter und Mandatar einer Partei gebärdet, mit welcher der Patient den Konflikt unterhält, etwa der Eltern, des anderen Eheteils usw.«]

Zur Einleitung der Behandlung

Diese Antwort schließt natürlich die Verurteilung eines Verfahrens ein, welches dem Patienten die Übersetzungen seiner Symptome mitteilen wollte, sobald man sie selbst erraten hat, oder gar einen besonderen Triumph darin erblicken würde, ihm diese »Lösungen« in der ersten Zusammenkunft ins Gesicht zu schleudern. Es wird einem geübteren Analytiker nicht schwer, die verhaltenen Wünsche eines Kranken schon aus seinen Klagen und seinem Krankenberichte deutlich vernehmbar herauszuhören; aber welches Maß von Selbstgefälligkeit und von Unbesonnenheit gehört dazu, um einem Fremden, mit allen analytischen Voraussetzungen Unvertrauten nach der kürzesten Bekanntschaft zu eröffnen, er hänge inzestuös an seiner Mutter, er hege Todeswünsche gegen seine angeblich geliebte Frau, er trage sich mit der Absicht, seinen Chef zu betrügen u. dgl.! Ich habe gehört, daß es Analytiker gibt, die sich mit solchen Augenblicksdiagnosen und Schnellbehandlungen brüsten, aber ich warne jedermann davor, solchen Beispielen zu folgen. Man wird dadurch sich und seine Sache um jeden Kredit bringen und die heftigsten Widersprüche hervorrufen, ob man nun richtig geraten hat oder nicht, ja eigentlich um so heftigeren Widerstand, je eher man richtig geraten hat. Der therapeutische Effekt wird in der Regel zunächst gleich Null sein, die Abschreckung von der Analyse aber eine endgültige. Noch in späteren Stadien der Behandlung wird man Vorsicht üben müssen, um eine Symptomlösung und Wunschübersetzung nicht eher mitzuteilen, als bis der Patient knapp davorsteht, so daß er nur noch einen kurzen Schritt zu machen hat, um sich dieser Lösung selbst zu bemächtigen. In früheren Jahren hatte ich häufig Gelegenheit zu erfahren, daß die vorzeitige Mitteilung einer Lösung der Kur ein vorzeitiges Ende bereitete, sowohl infolge der Widerstände, die so plötzlich geweckt wurden, als auch auf Grund der Erleichterung, die mit der Lösung gegeben war.

Man wird hier die Einwendung machen: Ist es denn unsere Aufgabe, die Behandlung zu verlängern, und nicht vielmehr, sie so rasch wie möglich zu Ende zu führen? Leidet der Kranke nicht infolge seines Nichtwissens und Nichtverstehens, und ist es nicht Pflicht, ihn so bald als möglich wissend zu machen, also sobald der Arzt selbst wissend geworden ist?

Die Beantwortung dieser Frage fordert zu einem kleinen Exkurs auf

Zur Dynamik der Übertragung

über die Bedeutung des Wissens und über den Mechanismus der Heilung in der Psychoanalyse.

In den frühesten Zeiten der analytischen Technik haben wir allerdings in intellektualistischer Denkeinstellung das Wissen des Kranken um das von ihm Vergessene hoch eingeschätzt und dabei kaum zwischen unserem Wissen und dem seinigen unterschieden. Wir hielten es für einen besonderen Glücksfall, wenn es gelang, Kunde von dem vergessenen Kindheitstrauma von anderer Seite her zu bekommen, zum Beispiel von Eltern, Pflegepersonen oder dem Verführer selbst, wie es in einzelnen Fällen möglich wurde, und beeilten uns, dem Kranken die Nachricht und die Beweise für ihre Richtigkeit zur Kenntnis zu bringen in der sicheren Erwartung, so Neurose und Behandlung zu einem schnellen Ende zu führen. Es war eine schwere Enttäuschung, als der erwartete Erfolg ausblieb. Wie konnte es nur zugehen, daß der Kranke, der jetzt von seinem traumatischen Erlebnis wußte, sich doch benahm, als wisse er nicht mehr davon als früher? Nicht einmal die Erinnerung an das verdrängte Trauma wollte infolge der Mitteilung und Beschreibung desselben auftauchen.

In einem bestimmten Falle hatte mir die Mutter eines hysterischen Mädchens das homosexuelle Erlebnis verraten, dem auf die Fixierung der Anfälle des Mädchens ein großer Einfluß zukam. Die Mutter hatte die Szene selbst überrascht, die Kranke aber dieselbe völlig vergessen, obwohl sie bereits den Jahren der Vorpubertät angehörte. Ich konnte nun eine lehrreiche Erfahrung machen. Jedesmal, wenn ich die Erzählung der Mutter vor dem Mädchen wiederholte, reagierte dieses mit einem hysterischen Anfalle, und nach diesem war die Mitteilung wieder vergessen. Es war kein Zweifel, daß die Kranke den heftigsten Widerstand gegen ein ihr aufgedrängtes Wissen äußerte; sie simulierte endlich Schwachsinn und vollen Gedächtnisverlust, um sich gegen meine Mitteilungen zu schützen. So mußte man sich denn entschließen, dem Wissen an sich die ihm vorgeschriebene Bedeutung zu entziehen und den Akzent auf die Widerstände zu legen, welche das Nichtwissen seinerzeit verursacht hatten und jetzt noch bereit waren, es zu verteidigen. Das bewußte Wissen aber war gegen diese Widerstände, auch wenn es nicht wieder ausgestoßen wurde, ohnmächtig.

Zur Einleitung der Behandlung

Das befremdende Verhalten der Kranken, die ein bewußtes Wissen mit dem Nichtwissen zu vereinigen verstehen, bleibt für die sogenannte Normalpsychologie unerklärlich. Der Psychoanalyse bereitet es auf Grund ihrer Anerkennung des Unbewußten keine Schwierigkeit; das beschriebene Phänomen gehört aber zu den besten Stützen einer Auffassung, welche sich die seelischen Vorgänge topisch differenziert näherbringt. Die Kranken wissen nun von dem verdrängten Erlebnis in ihrem Denken, aber diesem fehlt die Verbindung mit jener Stelle, an welcher die verdrängte Erinnerung in irgendeiner Art enthalten ist. Eine Veränderung kann erst eintreten, wenn der bewußte Denkprozeß bis zu dieser Stelle vorgedrungen ist und dort die Verdrängungswiderstände überwunden hat. Es ist geradeso, als ob im Justizministerium ein Erlaß verlautbart worden wäre, daß man jugendliche Vergehen in einer gewissen milden Weise richten solle. Solange dieser Erlaß nicht zur Kenntnis der einzelnen Bezirksgerichte gelangt ist oder für den Fall, daß die Bezirksrichter nicht die Absicht haben, diesen Erlaß zu befolgen, vielmehr auf eigene Hand judizieren, kann an der Behandlung der einzelnen jugendlichen Delinquenten nichts geändert sein. Fügen wir noch zur Korrektur hinzu, daß die bewußte Mitteilung des Verdrängten an den Kranken doch nicht wirkungslos bleibt. Sie wird nicht die gewünschte Wirkung äußern, den Symptomen ein Ende zu machen, sondern andere Folgen haben. Sie wird zunächst Widerstände, dann aber, wenn deren Überwindung erfolgt ist, einen Denkprozeß anregen, in dessen Ablauf sich endlich die erwartete Beeinflussung der unbewußten Erinnerung herstellt.

Es ist jetzt an der Zeit, eine Übersicht des Kräftespieles zu gewinnen, welches wir durch die Behandlung in Gang bringen. Der nächste Motor der Therapie ist das Leiden des Patienten und sein daraus entspringender Heilungswunsch. Von der Größe dieser Triebkraft zieht sich mancherlei ab, was erst im Laufe der Analyse aufgedeckt wird, vor allem der sekundäre Krankheitsgewinn, aber die Triebkraft selbst muß bis zum Ende der Behandlung erhalten bleiben; jede Besserung ruft eine Verringerung derselben hervor. Für sich allein ist sie aber unfähig, die Krankheit zu beseitigen; es fehlt ihr zweierlei dazu: sie kennt die Wege nicht, die zu diesem Ende einzuschlagen sind, und sie bringt die notwendigen Energiebeträge gegen die Widerstände nicht auf. Beiden Mängeln hilft die analytische Behandlung ab. Die zur Überwindung der Widerstände erforderten Affektgrößen stellt sie durch die Mobilmachung der Energien bei, welche für die Übertragung bereitliegen; durch die rechtzeitigen Mitteilungen zeigt sie dem Kranken die Wege, auf welche er diese Energien leiten soll. Die Übertragung kann häufig genug die Leidenssymptome allein beseitigen, aber dann nur vorübergehend, solange sie eben selbst Bestand hat. Das ist dann eine Suggestivbehandlung, keine Psychoanalyse. Den letzteren Namen verdient die Behandlung nur dann, wenn die Übertragung ihre Intensität zur Überwindung der Widerstände verwendet hat. Dann allein ist das Kranksein unmöglich geworden, auch wenn die Übertragung wieder aufgelöst worden ist, wie ihre Bestimmung es verlangt.

Im Laufe der Behandlung wird noch ein anderes förderndes Moment wachgerufen, das intellektuelle Interesse und Verständnis des Kranken. Allein, dies kommt gegen die anderen miteinander ringenden Kräfte kaum in Betracht; es droht ihm beständig die Entwertung infolge der Urteilstrübung, welche von den Widerständen ausgeht. Somit erübrigen Übertragung und Unterweisung (durch Mitteilung) als die neuen Kraftquellen, welche der Kranke dem Analytiker verdankt. Der Unterweisung bedient er sich aber nur, insofern er durch die Übertragung dazu bewogen wird, und darum soll die erste Mitteilung abwarten, bis sich eine starke Übertragung hergestellt hat, und fügen wir hinzu, jede spätere, bis die Störung der Übertragung durch die der Reihe nach auftauchenden Übertragungswiderstände beseitigt ist.

ERINNERN, WIEDERHOLEN UND DURCHARBEITEN

WEITERE RATSCHLÄGE ZUR TECHNIK DER PSYCHOANALYSE, II

(1914)

ERINNERN, WIEDERHOLEN UND DURCHARBEITEN

Weitere Ratschläge zur Technik der Psychoanalyse, II[1]

Es scheint mir nicht überflüssig, den Lernenden immer wieder daran zu mahnen, welche tiefgreifenden Veränderungen die psychoanalytische Technik seit ihren ersten Anfängen erfahren hat. Zuerst, in der Phase der Breuerschen Katharsis, die direkte Einstellung des Moments der Symptombildung und das konsequent festgehaltene Bemühen, die psychischen Vorgänge jener Situation reproduzieren zu lassen, um sie zu einem Ablauf durch bewußte Tätigkeit zu leiten. Erinnern und Abreagieren waren damals die mit Hilfe des hypnotischen Zustandes zu erreichenden Ziele. Sodann, nach dem Verzicht auf die Hypnose, drängte sich die Aufgabe vor, aus den freien Einfällen des Analysierten zu erraten, was er zu erinnern versagte. Durch die Deutungsarbeit und die Mitteilung ihrer Ergebnisse an den Kranken sollte der Widerstand umgangen werden; die Einstellung auf die Situationen der Symptombildung und jene anderen, die sich hinter dem Momente der Erkrankung ergaben, blieb erhalten, das Abreagieren trat zurück und schien durch den Arbeitsaufwand ersetzt, den der Analysierte bei der ihm aufgedrängten Überwindung der Kritik gegen seine Einfälle (bei der Befolgung der $\psi\alpha$ Grundregel) zu leisten hatte. Endlich hat sich die konsequente heutige Technik herausgebildet, bei welcher der Arzt auf die Einstellung eines bestimmten Moments oder Problems verzichtet, sich damit begnügt, die jeweilige psychische Oberfläche des Analysierten zu studieren, und die Deutungskunst wesentlich dazu benützt, um die an dieser hervortretenden Widerstände zu erkennen und dem Kranken bewußtzumachen. Es stellt sich dann eine neue Art von Arbeitsteilung her: der Arzt deckt die dem Kranken unbekannten Widerstände auf; sind diese erst bewältigt, so erzählt der Kranke oft

---

1 [Bei der Erstpublikation (Ende 1914) lautete der Titel dieser Arbeit: ›Weitere Ratschläge zur Technik der Psychoanalyse (II): Erinnern, Wiederholen und Durcharbeiten‹. Von 1924 an übernahmen alle deutschen Ausgaben den kürzeren Titel.]

Zur Dynamik der Übertragung

ohne alle Mühe die vergessenen Situationen und Zusammenhänge. Das Ziel dieser Techniken ist natürlich unverändert geblieben. Deskriptiv: die Ausfüllung der Lücken der Erinnerung, dynamisch: die Überwindung der Verdrängungswiderstände.

Man muß der alten hypnotischen Technik dankbar dafür bleiben, daß sie uns einzelne psychische Vorgänge der Analyse in Isolierung und Schematisierung vorgeführt hat. Nur dadurch konnten wir den Mut gewinnen, komplizierte Situationen in der analytischen Kur selbst zu schaffen und durchsichtig zu erhalten.

Das Erinnern gestaltete sich nun in jenen hypnotischen Behandlungen sehr einfach. Der Patient versetzte sich in eine frühere Situation, die er mit der gegenwärtigen niemals zu verwechseln schien, teilte die psychischen Vorgänge derselben mit, soweit sie normal geblieben waren, und fügte daran, was sich durch die Umsetzung der damals unbewußten Vorgänge in bewußte ergeben konnte.

Ich schließe hier einige Bemerkungen an, die jeder Analytiker in seiner Erfahrung bestätigt gefunden hat. Das Vergessen von Eindrücken, Szenen, Erlebnissen reduziert sich zumeist auf eine »Absperrung« derselben. Wenn der Patient von diesem »Vergessen« spricht, versäumt er selten, hinzuzufügen: das habe ich eigentlich immer gewußt, nur nicht daran gedacht. Er äußert nicht selten seine Enttäuschung darüber, daß ihm nicht genug Dinge einfallen wollen, die er als »vergessen« anerkennen kann, an die er nie wieder gedacht, seitdem sie vorgefallen sind. Indes findet auch diese Sehnsucht, zumal bei Konversionshysterien, ihre Befriedigung. Das »Vergessen« erfährt eine weitere Einschränkung durch die Würdigung der so allgemein vorhandenen Deckerinnerungen. In manchen Fällen habe ich den Eindruck empfangen, daß die bekannte, für uns theoretisch so bedeutsame Kindheitsamnesie durch die Deckerinnerungen vollkommen aufgewogen wird. In diesen ist nicht nur einiges Wesentliche aus dem Kindheitsleben erhalten, sondern eigentlich alles Wesentliche. Man muß nur verstehen, es durch die Analyse aus ihnen zu entwickeln. Sie repräsentieren die vergessenen Kinderjahre so zureichend wie der manifeste Trauminhalt die Traumgedanken.

Die andere Gruppe von psychischen Vorgängen, die man als rein interne Akte den Eindrücken und Erlebnissen entgegenstellen

Erinnern, Wiederholen und Durcharbeiten

kann, Phantasien, Beziehungsvorgänge, Gefühlsregungen, Zusammenhänge, muß in ihrem Verhältnis zum Vergessen und Erinnern gesondert betrachtet werden. Hier ereignet es sich besonders häufig, daß etwas »erinnert« wird, was nie »vergessen« werden konnte, weil es zu keiner Zeit gemerkt wurde, niemals bewußt war, und es scheint überdies völlig gleichgültig für den psychischen Ablauf, ob ein solcher »Zusammenhang« bewußt war und dann vergessen wurde oder ob er es niemals zum Bewußtsein gebracht hat. Die Überzeugung, die der Kranke im Laufe der Analyse erwirbt, ist von einer solchen Erinnerung ganz unabhängig.

Besonders bei den mannigfachen Formen der Zwangsneurose schränkt sich das Vergessene meist auf die Auflösung von Zusammenhängen, Verkennung von Abfolgen, Isolierung von Erinnerungen ein.

Für eine besondere Art von überaus wichtigen Erlebnissen, die in sehr frühe Zeiten der Kindheit fallen und seinerzeit ohne Verständnis erlebt worden sind, *nachträglich* aber Verständnis und Deutung gefunden haben, läßt sich eine Erinnerung meist nicht erwecken. Man gelangt durch Träume zu ihrer Kenntnis und wird durch die zwingendsten Motive aus dem Gefüge der Neurose genötigt, an sie zu glauben, kann sich auch überzeugen, daß der Analysierte nach Überwindung seiner Widerstände das Ausbleiben des Erinnerungsgefühles (Bekanntschaftsempfindung) nicht gegen deren Annahme verwertet. Immerhin erfordert dieser Gegenstand so viel kritische Vorsicht und bringt so viel Neues und Befremdendes, daß ich ihn einer gesonderten Behandlung an geeignetem Materiale vorbehalte.

Von diesem erfreulich glatten Ablauf ist nun bei Anwendung der neuen Technik sehr wenig, oft nichts, übriggeblieben. Es kommen auch hier Fälle vor, die sich ein Stück weit verhalten wie bei der hypnotischen Technik und erst später versagen; andere Fälle benehmen sich aber von vornherein anders. Halten wir uns zur Kennzeichnung des Unterschiedes an den letzteren Typus, so dürfen wir sagen, der Analysierte *erinnere* überhaupt nichts von dem Vergessenen und Verdrängten, sondern er *agiere* es. Er reproduziert es nicht als Erinnerung, sondern als Tat, er *wiederholt* es, ohne natürlich zu wissen, daß er es wiederholt.

Zum Beispiel: Der Analysierte erzählt nicht, er erinnere sich, daß er trotzig und ungläubig gegen die Autorität der Eltern gewesen sei, sondern er benimmt sich in solcher Weise gegen den Arzt. Er erinnert nicht, daß er in seiner infantilen Sexualforschung rat- und hilflos steckengeblieben ist, sondern er bringt einen Haufen verworrener Träume und Einfälle vor, jammert, daß ihm nichts gelinge, und stellt es als sein Schicksal hin, niemals eine Unternehmung zu Ende zu führen. Er erinnert nicht, daß er sich gewisser Sexualbetätigungen intensiv geschämt und ihre Entdeckung gefürchtet hat, sondern er zeigt, daß er sich der Behandlung schämt, der er sich jetzt unterzogen hat, und sucht diese vor allen geheimzuhalten usw.

Vor allem beginnt er die Kur mit einer solchen Wiederholung. Oft, wenn man einem Patienten mit wechselvoller Lebensgeschichte und langer Krankheitsgeschichte die psychoanalytische Grundregel mitgeteilt und ihn dann aufgefordert hat zu sagen, was ihm einfalle, und nun erwartet, daß sich seine Mitteilungen im Strom ergießen werden, erfährt man zunächst, daß er nichts zu sagen weiß. Er schweigt und behauptet, daß ihm nichts einfallen will. Das ist natürlich nichts anderes als die Wiederholung einer homosexuellen Einstellung, die sich als Widerstand gegen jedes Erinnern vordrängt. Solange er in Behandlung verbleibt, wird er von diesem Zwange zur Wiederholung nicht mehr frei; man versteht endlich, dies ist seine Art zu erinnern.

Natürlich wird uns das Verhältnis dieses Wiederholungszwanges zur Übertragung und zum Widerstande in erster Linie interessieren. Wir merken bald, die Übertragung ist selbst nur ein Stück Wiederholung und die Wiederholung ist die Übertragung der vergessenen Vergangenheit nicht nur auf den Arzt, sondern auch auf alle anderen Gebiete der gegenwärtigen Situation. Wir müssen also darauf gefaßt sein, daß der Analysierte sich dem Zwange zur Wiederholung, der nun den Impuls zur Erinnerung ersetzt, nicht nur im persönlichen Verhältnis zum Arzte hingibt, sondern auch in allen anderen gleichzeitigen Tätigkeiten und Beziehungen seines Lebens, zum Beispiel wenn er während der Kur ein Liebesobjekt wählt, eine Aufgabe auf sich nimmt, eine Unternehmung eingeht. Auch der Anteil des Widerstandes ist leicht zu erkennen. Je größer der Widerstand ist, desto ausgiebiger wird das Erinnern durch das Agieren (Wiederholen) ersetzt sein. Entspricht doch das ideale Erinnern des Vergessenen in der Hypnose einem Zustande, in welchem der Widerstand völlig beiseite geschoben ist. Beginnt die Kur unter der Patronanz einer milden und unausgesprochenen positiven Übertragung, so gestattet sie zunächst ein Vertiefen in die Erinnerung wie bei der Hypnose, während dessen selbst die Krankheitssymptome schweigen; wird aber im weiteren Verlaufe diese Übertragung feindselig oder überstark und darum verdrängungsbedürftig, so tritt sofort das Erinnern dem Agieren den Platz ab. Von da an bestimmen dann die Widerstände die Reihenfolge des zu Wiederholenden. Der Kranke holt aus dem Arsenale der Vergangenheit die Waffen hervor, mit denen er sich der Fortsetzung der Kur erwehrt und die wir ihm Stück für Stück entwinden müssen.

Wir haben nun gehört, der Analysierte wiederholt, anstatt zu erinnern, er wiederholt unter den Bedingungen des Widerstandes; wir dürfen jetzt fragen, was wiederholt oder agiert er eigentlich? Die Antwort lautet, er wiederholt alles, was sich aus den Quellen seines Verdrängten bereits in seinem offenkundigen Wesen durchgesetzt hat, seine Hemmungen und unbrauchbaren Einstellungen, seine pathologischen Charakterzüge. Er wiederholt ja auch während der Behandlung alle seine Symptome. Und nun können wir merken, daß wir mit der Hervorhebung des Zwanges zur Wiederholung keine neue Tatsache, sondern nur eine einheitlichere Auffassung gewonnen haben. Wir machen uns nun klar, daß das Kranksein des Analysierten nicht mit dem Beginne seiner Analyse aufhören kann, daß wir seine Krankheit nicht als eine historische Angelegenheit, sondern als eine aktuelle Macht zu behandeln haben. Stück für Stück dieses Krankseins wird nun in den Horizont und in den Wirkungsbereich der Kur gerückt, und während der Kranke es als etwas Reales und Aktuelles erlebt, haben wir daran die therapeutische Arbeit zu leisten, die zum guten Teile in der Zurückführung auf die Vergangenheit besteht.

Das Erinnernlassen in der Hypnose mußte den Eindruck eines Experiments im Laboratorium machen. Das Wiederholenlassen während der analytischen Behandlung nach der neueren Technik heißt ein Stück realen Lebens heraufbeschwören und kann darum nicht in allen Fällen harmlos und unbedenklich sein. Das ganze Problem

Zur Dynamik der Übertragung

der oft unausweichlichen »Verschlimmerung während der Kur« schließt hier an.

Vor allem bringt es schon die Einleitung der Behandlung mit sich, daß der Kranke seine bewußte Einstellung zur Krankheit ändere. Er hat sich gewöhnlich damit begnügt, sie zu bejammern, sie als Unsinn zu verachten, in ihrer Bedeutung zu unterschätzen, hat aber sonst das verdrängende Verhalten, die Vogel-Strauß-Politik, die er gegen ihre Ursprünge übte, auf ihre Äußerungen fortgesetzt. So kann es kommen, daß er die Bedingungen seiner Phobie nicht ordentlich kennt, den richtigen Wortlaut seiner Zwangsideen nicht anhört oder die eigentliche Absicht seines Zwangsimpulses nicht erfaßt. Das kann die Kur natürlich nicht brauchen. Er muß den Mut erwerben, seine Aufmerksamkeit mit den Erscheinungen seiner Krankheit zu beschäftigen. Die Krankheit selbst darf ihm nichts Verächtliches mehr sein, vielmehr ein würdiger Gegner werden, ein Stück seines Wesens, das sich auf gute Motive stützt, aus dem es Wertvolles für sein späteres Leben zu holen gilt. Die Versöhnung mit dem Verdrängten, welches sich in den Symptomen äußert, wird so von Anfang an vorbereitet, aber es wird auch eine gewisse Toleranz fürs Kranksein eingeräumt. Werden nun durch dies neue Verhältnis zur Krankheit Konflikte verschärft und Symptome hervorgedrängt, die früher noch undeutlich waren, so kann man den Patienten darüber leicht durch die Bemerkung trösten, daß dies nur notwendige, aber vorübergehende Verschlechterungen sind und daß man keinen Feind umbringen kann, der abwesend oder nicht nahe genug ist. Der Widerstand kann aber die Situation für seine Absichten ausbeuten und die Erlaubnis, krank zu sein, mißbrauchen wollen. Er scheint dann zu demonstrieren: Schau her, was dabei herauskommt, wenn ich mich wirklich auf diese Dinge einlasse. Hab' ich nicht recht getan, sie der Verdrängung zu überlassen? Besonders jugendliche und kindliche Personen pflegen die in der Kur erforderliche Einlenkung auf das Kranksein gern zu einem Schwelgen in den Krankheitssymptomen zu benützen.

Weitere Gefahren entstehen dadurch, daß im Fortgange der Kur auch neue, tieferliegende Triebregungen, die sich noch nicht durchgesetzt hatten, zur Wiederholung gelangen können. Endlich können die Aktionen des Patienten außerhalb der Übertragung vor-

Erinnern, Wiederholen und Durcharbeiten

übergehende Lebensschädigungen mit sich bringen oder sogar so gewählt sein, daß sie die zu erreichende Gesundheit dauernd entwerten.

Die Taktik, welche der Arzt in dieser Situation einzuschlagen hat, ist leicht zu rechtfertigen. Für ihn bleibt das Erinnern nach alter Manier, das Reproduzieren auf psychischem Gebiete, das Ziel, an welchem er festhält, wenn er auch weiß, daß es bei der neuen Technik nicht zu erreichen ist. Er richtet sich auf einen beständigen Kampf mit dem Patienten ein, um alle Impulse auf psychischem Gebiete zurückzuhalten, welche dieser aufs Motorische lenken möchte, und feiert es als einen Triumph der Kur, wenn es gelingt, etwas durch die Erinnerungsarbeit zu erledigen, was der Patient durch eine Aktion abführen möchte. Wenn die Bindung durch die Übertragung eine irgend brauchbare geworden ist, so bringt es die Behandlung zustande, den Kranken an allen bedeutungsvolleren Wiederholungsaktionen zu hindern und den Vorsatz dazu in statu nascendi als Material für die therapeutische Arbeit zu verwenden. Vor der Schädigung durch die Ausführung seiner Impulse behütet man den Kranken am besten, wenn man ihn dazu verpflichtet, während der Dauer der Kur keine lebenswichtigen Entscheidungen zu treffen, etwa keinen Beruf, kein definitives Liebesobjekt zu wählen, sondern für alle diese Absichten den Zeitpunkt der Genesung abzuwarten.

Man schont dabei gern, was von der persönlichen Freiheit des Analysierten mit diesen Vorsichten vereinbar ist, hindert ihn nicht an der Durchsetzung belangloser, wenn auch törichter Absichten und vergißt nicht daran, daß der Mensch eigentlich nur durch Schaden und eigene Erfahrung klug werden kann. Es gibt wohl auch Fälle, die man nicht abhalten kann, sich während der Behandlung in irgendeine ganz unzweckmäßige Unternehmung einzulassen, und die erst nachher mürbe und für die analytische Bearbeitung zugänglich werden. Gelegentlich muß es auch vorkommen, daß man nicht die Zeit hat, den wilden Trieben den Zügel der Übertragung anzulegen, oder daß der Patient in einer Wiederholungsaktion das Band zerreißt, das ihn an die Behandlung knüpft. Ich kann als extremes Beispiel den Fall einer älteren Dame wählen, die wiederholt in Dämmerzuständen ihr Haus und ihren Mann verlassen hatte und irgend-

Zur Dynamik der Übertragung

wohin geflüchtet war, ohne sich je eines Motives für dieses »Durchgehen« bewußt zu werden. Sie kam mit einer gut ausgebildeten zärtlichen Übertragung in meine Behandlung, steigerte dieselbe in unheimlich rascher Weise in den ersten Tagen und war am Ende einer Woche auch von mir »durchgegangen«, ehe ich noch Zeit gehabt hatte, ihr etwas zu sagen, was sie an dieser Wiederholung hätte hindern können.

Das Hauptmittel aber, den Wiederholungszwang des Patienten zu bändigen und ihn zu einem Motiv fürs Erinnern umzuschaffen, liegt in der Handhabung der Übertragung. Wir machen ihn unschädlich, ja vielmehr nutzbar, indem wir ihm sein Recht einräumen, ihn auf einem bestimmten Gebiete gewähren lassen. Wir eröffnen ihm die Übertragung als den Tummelplatz, auf dem ihm gestattet wird, sich in fast völliger Freiheit zu entfalten, und auferlegt ist, uns alles vorzuführen, was sich an pathogenen Trieben im Seelenleben des Analysierten verborgen hat. Wenn der Patient nur so viel Entgegenkommen zeigt, daß er die Existenzbedingungen der Behandlung respektiert, gelingt es uns regelmäßig, allen Symptomen der Krankheit eine neue Übertragungsbedeutung[1] zu geben, seine gemeine Neurose durch eine Übertragungsneurose zu ersetzen, von der er durch die therapeutische Arbeit geheilt werden kann. Die Übertragung schafft so ein Zwischenreich zwischen der Krankheit und dem Leben, durch welches sich der Übergang von der ersteren zum letzteren vollzieht. Der neue Zustand hat alle Charaktere der Krankheit übernommen, aber er stellt eine artifizielle Krankheit dar, die überall unseren Eingriffen zugänglich ist. Er ist gleichzeitig ein Stück des realen Erlebens, aber durch besonders günstige Bedingungen ermöglicht und von der Natur eines Provisoriums. Von den Wiederholungsreaktionen[2], die sich in der Übertragung zeigen, führen dann die bekannten Wege zur Erweckung der Erinnerungen, die sich nach Überwindung der Widerstände wie mühelos einstellen.

Ich könnte hier abbrechen, wenn nicht die Überschrift dieses Aufsatzes mich verpflichten würde, ein weiteres Stück der analytischen Technik in die Darstellung zu ziehen. Die Überwindung der Wider-

---

1 [In den Ausgaben vor 1924 steht hier »Übertragungsbedingung«.]
2 [In der Erstausgabe lautet dieses Wort »Wiederholungsaktionen«.]

stände wird bekanntlich dadurch eingeleitet, daß der Arzt den vom Analysierten niemals erkannten Widerstand aufdeckt und ihn dem Patienten mitteilt. Es scheint nun, daß Anfänger in der Analyse geneigt sind, diese Einleitung für die ganze Arbeit zu halten. Ich bin oft in Fällen zu Rate gezogen worden, in denen der Arzt darüber klagte, er habe dem Kranken seinen Widerstand vorgestellt, und doch habe sich nichts geändert, ja der Widerstand sei erst recht erstarkt und die ganze Situation sei noch undurchsichtiger geworden. Die Kur scheine nicht weiterzugehen. Diese trübe Erwartung erwies sich dann immer als irrig. Die Kur war in der Regel im besten Fortgange; der Arzt hatte nur vergessen, daß das Benennen des Widerstandes nicht das unmittelbare Aufhören desselben zur Folge haben kann. Man muß dem Kranken die Zeit lassen, sich in den ihm unbekannten Widerstand[1] zu vertiefen, ihn *durchzuarbeiten*, ihn zu überwinden, indem er ihm zum Trotze die Arbeit nach der analytischen Grundregel fortsetzt. Erst auf der Höhe desselben findet man dann in gemeinsamer Arbeit mit dem Analysierten die verdrängten Triebregungen auf, welche den Widerstand speisen und von deren Existenz und Mächtigkeit sich der Patient durch solches Erleben überzeugt. Der Arzt hat dabei nichts anderes zu tun, als zuzuwarten und einen Ablauf zuzulassen, der nicht vermieden, auch nicht immer beschleunigt werden kann. Hält er an dieser Einsicht fest, so wird er sich oftmals die Täuschung, gescheitert zu sein, ersparen, wo er doch die Behandlung längs der richtigen Linie fortführt.

Dieses Durcharbeiten der Widerstände mag in der Praxis zu einer beschwerlichen Aufgabe für den Analysierten und zu einer Geduldprobe für den Arzt werden. Es ist aber jenes Stück der Arbeit, welches die größte verändernde Einwirkung auf den Patienten hat und das die analytische Behandlung von jeder Suggestionsbeeinflussung unterscheidet. Theoretisch kann man es dem »Abreagieren« der durch die Verdrängung eingeklemmten Affektbeträge gleichstellen, ohne welches die hypnotische Behandlung einflußlos blieb.

---

[1] [In der Erstausgabe steht an dieser Stelle: »in den ihm nun bekannten Widerstand«.]

BEMERKUNGEN ÜBER DIE ÜBERTRAGUNGSLIEBE

WEITERE RATSCHLÄGE ZUR TECHNIK DER PSYCHOANALYSE, III

(1915)

BEMERKUNGEN ÜBER DIE ÜBERTRAGUNGSLIEBE

Weitere Ratschläge zur Technik der Psychoanalyse, III[1]

Jeder Anfänger in der Psychoanalyse bangt wohl zuerst vor den Schwierigkeiten, welche ihm die Deutung der Einfälle des Patienten und die Aufgabe der Reproduktion des Verdrängten bereiten werden. Es steht ihm aber bevor, diese Schwierigkeiten bald gering einzuschätzen und dafür die Überzeugung einzutauschen, daß die einzigen wirklich ernsthaften Schwierigkeiten bei der Handhabung der Übertragung anzutreffen sind.

Von den Situationen, die sich hier ergeben, will ich eine einzige, scharf umschriebene, herausgreifen, sowohl wegen ihrer Häufigkeit und realen Bedeutsamkeit als auch wegen ihres theoretischen Interesses. Ich meine den Fall, daß eine weibliche Patientin durch unzweideutige Andeutungen erraten läßt oder es direkt ausspricht, daß sie sich wie ein anderes sterbliches Weib in den sie analysierenden Arzt verliebt hat. Diese Situation hat ihre peinlichen und komischen Seiten wie ihre ernsthaften; sie ist auch so verwickelt und vielseitig bedingt, so unvermeidlich und so schwer lösbar, daß ihre Diskussion längst ein vitales Bedürfnis der analytischen Technik erfüllt hätte. Aber da wir selbst nicht immer frei sind, die wir über die Fehler der anderen spotten, haben wir uns zur Erfüllung dieser Aufgabe bisher nicht eben gedrängt. Immer wieder stoßen wir hier mit der Pflicht der ärztlichen Diskretion zusammen, die im Leben nicht zu entbehren, in unserer Wissenschaft aber nicht zu brauchen ist. Insoferne die Literatur der Psychoanalytik auch dem realen Leben angehört, ergibt sich hier ein unlösbarer Widerspruch. Ich habe mich kürzlich an einer Stelle über die Diskretion hinausgesetzt und angedeutet, daß die nämliche Übertragungssituation die Entwick-

---

1 [Bei der Erstpublikation (Anfang 1915) lautete der Titel dieser Arbeit: ›Weitere Ratschläge zur Technik der Psychoanalyse (III): Bemerkungen über die Übertragungsliebe‹. Von 1924 an übernahmen alle deutschen Ausgaben den kürzeren Titel.]

lung der psychoanalytischen Therapie um ihr erstes Jahrzehnt verzögert hat.[1]
Für den wohlerzogenen Laien – ein solcher ist wohl der ideale Kulturmensch der Psychoanalyse gegenüber – sind Liebesbegebenheiten mit allem anderen inkommensurabel; sie stehen gleichsam auf einem besonderen Blatte, das keine andere Beschreibung verträgt. Wenn sich also die Patientin in den Arzt verliebt hat, wird er meinen, dann kann es nur zwei Ausgänge haben, den selteneren, daß alle Umstände die dauernde legitime Vereinigung der beiden gestatten, und den häufigeren, daß Arzt und Patientin auseinandergehen und die begonnene Arbeit, welche der Herstellung dienen sollte, als durch ein Elementarereignis gestört aufgeben. Gewiß ist auch ein dritter Ausgang denkbar, der sich sogar mit der Fortsetzung der Kur zu vertragen scheint, die Anknüpfung illegitimer und nicht für die Ewigkeit bestimmter Liebesbeziehungen; aber dieser ist wohl durch die bürgerliche Moral wie durch die ärztliche Würde unmöglich gemacht. Immerhin würde der Laie bitten, durch eine möglichst deutliche Versicherung des Analytikers über den Ausschluß dieses dritten Falles beruhigt zu werden.
Es ist evident, daß der Standpunkt des Psychoanalytikers ein anderer sein muß.
Setzen wir den Fall des zweiten Ausganges der Situation, die wir besprechen, Arzt und Patientin gehen auseinander, nachdem sich die Patientin in den Arzt verliebt hat; die Kur wird aufgegeben. Aber der Zustand der Patientin macht bald einen zweiten analytischen Versuch bei einem anderen Arzte notwendig; da stellt es sich denn ein, daß sich die Patientin auch in diesen zweiten Arzt verliebt fühlt, und ebenso, wenn sie wieder abbricht und von neuem anfängt, in den dritten usw. Diese mit Sicherheit eintreffende Tatsache, bekanntlich eine der Grundlagen der psychoanalytischen Theorie, gestattet zwei Verwertungen, eine für den analysierenden Arzt, die andere für die der Analyse bedürftige Patientin.
Für den Arzt bedeutet sie eine kostbare Aufklärung und eine gute Warnung vor einer etwa bei ihm bereitliegenden Gegenübertra-

---

[1] Zur Geschichte der psychoanalytischen Bewegung (1914). (Enthalten in diesem Band [in Band 10 der *Gesammelten Werke*].)

gung. Er muß erkennen, daß das Verlieben der Patientin durch die analytische Situation erzwungen wird und nicht etwa den Vorzügen seiner Person zugeschrieben werden kann, daß er also gar keinen Grund hat, auf eine solche »Eroberung«, wie man sie außerhalb der Analyse heißen würde, stolz zu sein. Und es ist immer gut, daran gemahnt zu werden. Für die Patientin ergibt sich aber eine Alternative: entweder sie muß auf eine psychoanalytische Behandlung verzichten, oder sie muß sich die Verliebtheit in den Arzt als unausweichliches Schicksal gefallen lassen.[1]
Ich zweifle nicht daran, daß sich die Angehörigen der Patientin mit ebensolcher Entschiedenheit für die erste der beiden Möglichkeiten erklären werden wie der analysierende Arzt für die zweite. Aber ich meine, es ist dies ein Fall, in welchem der zärtlichen – oder vielmehr egoistisch eifersüchtigen – Sorge der Angehörigen die Entscheidung nicht überlassen werden kann. Nur das Interesse der Kranken sollte den Ausschlag geben. Die Liebe der Angehörigen kann aber keine Neurose heilen. Der Psychoanalytiker braucht sich nicht aufzudrängen, er darf sich aber als unentbehrlich für gewisse Leistungen hinstellen. Wer als Angehöriger die Stellung Tolstois zu diesem Probleme zu der seinigen macht, mag im ungestörten Besitze seiner Frau oder Tochter bleiben und muß es zu ertragen suchen, daß diese auch ihre Neurose und die mit ihr verknüpfte Störung ihrer Liebesfähigkeit beibehält. Es ist schließlich ein ähnlicher Fall wie der der gynäkologischen Behandlung. Der eifersüchtige Vater oder Gatte irrt übrigens groß, wenn er meint, die Patientin werde der Verliebtheit in den Arzt entgehen, wenn er sie zur Bekämpfung ihrer Neurose eine andere als die analytische Behandlung einschlagen läßt. Der Unterschied wird vielmehr nur sein, daß eine solche Verliebtheit, die dazu bestimmt ist, unausgesprochen und unanalysiert zu bleiben, niemals jenen Beitrag zur Herstellung der Kranken leisten wird, den ihr die Analyse abzwingen würde.
Es ist mir bekanntgeworden, daß einzelne Ärzte, welche die Analyse ausüben, die Patienten häufig[2] auf das Erscheinen der Liebes-

---
1 Daß die Übertragung sich in anderen und minder zärtlichen Gefühlen äußern kann, ist bekannt und soll in diesem Aufsatze nicht behandelt werden.
2 [In der Erstausgabe heißt es anstelle dieses Wortes: »frühzeitig«.]

Zur Dynamik der Übertragung

übertragung vorbereiten oder sie sogar auffordern, sich »nur in den Arzt zu verlieben, damit die Analyse vorwärtsgehe«. Ich kann mir nicht leicht eine unsinnigere Technik vorstellen. Man raubt damit dem Phänomen den überzeugenden Charakter der Spontaneität und bereitet sich selbst schwer zu beseitigende Hindernisse.

Zunächst hat es allerdings nicht den Anschein, als ob aus der Verliebtheit in der Übertragung etwas für die Kur Förderliches entstehen könnte. Die Patientin, auch die bisher fügsamste, hat plötzlich Verständnis und Interesse für die Behandlung verloren, will von nichts anderem sprechen und hören als von ihrer Liebe, für die sie Entgegnung fordert; sie hat ihre Symptome aufgegeben oder vernachlässigt sie, ja, sie erklärt sich für gesund. Es gibt einen völligen Wechsel der Szene, wie wenn ein Spiel durch eine plötzlich hereinbrechende Wirklichkeit abgelöst würde, etwa wie wenn sich während einer Theatervorstellung Feuerlärm erhebt. Wer dies als Arzt zum erstenmal erlebt, hat es nicht leicht, die analytische Situation festzuhalten und sich der Täuschung zu entziehen, daß die Behandlung wirklich zu Ende sei.

Mit etwas Besinnung findet man sich dann zurecht. Vor allem gedenkt man des Verdachtes, daß alles, was die Fortsetzung der Kur stört, eine Widerstandsäußerung sein mag. An dem Auftreten der stürmischen Liebesforderung hat der Widerstand unzweifelhaft einen großen Anteil. Man hatte ja die Anzeichen einer zärtlichen Übertragung bei der Patientin längst bemerkt und durfte ihre Gefügigkeit, ihr Eingehen auf die Erklärungen der Analyse, ihr ausgezeichnetes Verständnis und die hohe Intelligenz, die sie dabei erwies, gewiß auf Rechnung einer solchen Einstellung gegen den Arzt schreiben. Nun ist das alles wie weggefegt, die Kranke ist ganz einsichtslos geworden, sie scheint in ihrer Verliebtheit aufzugehen, und diese Wandlung ist ganz regelmäßig in einem Zeitpunkte aufgetreten, da man ihr gerade zumuten mußte, ein besonders peinliches und schwer verdrängtes Stück ihrer Lebensgeschichte zuzugestehen oder zu erinnern. Die Verliebtheit ist also längst dagewesen, aber jetzt beginnt der Widerstand sich ihrer zu bedienen, um die Fortsetzung der Kur zu hemmen, um alles Interesse von der Arbeit abzulenken und um den analysierenden Arzt in eine peinliche Verlegenheit zu bringen.

Sieht man näher zu, so kann man in der Situation auch den Einfluß komplizierender Motive erkennen, zum Teile solcher, die sich der Verliebtheit anschließen, zum anderen Teile aber besonderer Äußerungen des Widerstandes. Von der ersteren Art ist das Bestreben der Patientin, sich ihrer Unwiderstehlichkeit zu versichern, die Autorität des Arztes durch seine Herabsetzung zum Geliebten zu brechen und was sonst als Nebengewinn bei der Liebesbefriedigung winkt. Vom Widerstande darf man vermuten, daß er gelegentlich die Liebeserklärung als Mittel benützt, um den gestrengen Analytiker auf die Probe zu stellen, worauf er im Falle seiner Willfährigkeit eine Zurechtweisung zu erwarten hätte. Vor allem aber hat man den Eindruck, daß der Widerstand als *agent provocateur* die Verliebtheit steigert und die Bereitwilligkeit zur sexuellen Hingabe übertreibt, um dann desto nachdrücklicher unter Berufung auf die Gefahren einer solchen Zuchtlosigkeit das Wirken der Verdrängung zu rechtfertigen. All dieses Beiwerk, das in reineren Fällen auch wegbleiben kann, ist von Alf. Adler bekanntlich als das Wesentliche des ganzen Vorganges angesehen worden.

Wie muß sich aber der Analytiker benehmen, um nicht an dieser Situation zu scheitern, wenn es für ihn feststeht, daß die Kur trotz dieser Liebesübertragung und durch dieselbe hindurch fortzusetzen ist?

Ich hätte es nun leicht, unter nachdrücklicher Betonung der allgemein gültigen Moral zu postulieren, daß der Analytiker nie und nimmer die ihm angebotene Zärtlichkeit annehmen oder erwidern dürfe. Er müsse vielmehr den Moment für gekommen erachten, um die sittliche Forderung und die Notwendigkeit des Verzichtes vor dem verliebten Weibe zu vertreten und es bei ihr zu erreichen, daß sie von ihrem Verlangen ablasse und mit Überwindung des animalischen Anteils an ihrem Ich die analytische Arbeit fortsetze.

Ich werde aber diese Erwartungen nicht erfüllen, weder den ersten noch den zweiten Teil derselben. Den ersten nicht, weil ich nicht für die Klientel schreibe, sondern für Ärzte, die mit ernsthaften Schwierigkeiten zu ringen haben, und weil ich überdies hier die Moralvorschrift auf ihren Ursprung, das heißt auf Zweckmäßigkeit zurückführen kann. Ich bin diesmal in der glücklichen Lage, das

Zur Dynamik der Übertragung

moralische Oktroi ohne Veränderung des Ergebnisses durch Rücksichten der analytischen Technik zu ersetzen.
Noch entschiedener werde ich aber dem zweiten Teile der angedeuteten Erwartung absagen. Zur Triebunterdrückung, zum Verzicht und zur Sublimierung auffordern, sobald die Patientin ihre Liebesübertragung eingestanden hat, hieße nicht analytisch, sondern sinnlos handeln. Es wäre nicht anders, als wollte man mit kunstvollen Beschwörungen einen Geist aus der Unterwelt zum Aufsteigen zwingen, um ihn dann ungefragt wieder hinunterzuschicken. Man hätte ja dann das Verdrängte nur zum Bewußtsein gerufen, um es erschreckt von neuem zu verdrängen. Auch über den Erfolg eines solchen Vorgehens braucht man sich nicht zu täuschen. Gegen Leidenschaften richtet man mit sublimen Redensarten bekanntlich wenig aus. Die Patientin wird nur die Verschmähung empfinden und nicht versäumen, sich für sie zu rächen.
Ebensowenig kann ich zu einem Mittelwege raten, der sich manchen als besonders klug empfehlen würde, welcher darin besteht, daß man die zärtlichen Gefühle der Patientin zu erwidern behauptet und dabei allen körperlichen Betätigungen dieser Zärtlichkeit ausweicht, bis man das Verhältnis in ruhigere Bahnen lenken und auf eine höhere Stufe heben kann. Ich habe gegen dieses Auskunftsmittel einzuwenden, daß die psychoanalytische Behandlung auf Wahrhaftigkeit aufgebaut ist. Darin liegt ein gutes Stück ihrer erziehlichen Wirkung und ihres ethischen Wertes. Es ist gefährlich, dieses Fundament zu verlassen. Wer sich in die analytische Technik eingelebt hat, trifft das dem Arzte sonst unentbehrliche Lügen und Vorspiegeln überhaupt nicht mehr und pflegt sich zu verraten, wenn er es in bester Absicht einmal versucht. Da man vom Patienten strengste Wahrhaftigkeit fordert, setzt man seine ganze Autorität aufs Spiel, wenn man sich selbst von ihm bei einer Abweichung von der Wahrheit ertappen läßt. Außerdem ist der Versuch, sich in zärtliche Gefühle gegen die Patientin gleiten zu lassen, nicht ganz ungefährlich. Man beherrscht sich nicht so gut, daß man nicht plötzlich einmal weiter gekommen wäre, als man beabsichtigt hatte. Ich meine also, man darf die Indifferenz, die man sich durch die Niederhaltung der Gegenübertragung erworben hat, nicht verleugnen.
Ich habe auch bereits erraten lassen, daß die analytische Technik es

Bemerkungen über die Übertragungsliebe

dem Arzte zum Gebote macht, der liebesbedürftigen Patientin die verlangte Befriedigung zu versagen. Die Kur muß in der Abstinenz durchgeführt werden; ich meine dabei nicht allein die körperliche Entbehrung, auch nicht die Entbehrung von allem, was man begehrt, denn dies würde vielleicht kein Kranker vertragen. Sondern ich will den Grundsatz aufstellen, daß man Bedürfnis und Sehnsucht als zur Arbeit und Veränderung treibende Kräfte bei der Kranken bestehen lassen und sich hüten muß, dieselben durch Surrogate zu beschwichtigen. Anderes als Surrogate könnte man ja nicht bieten, da die Kranke infolge ihres Zustandes, solange ihre Verdrängungen nicht behoben sind, einer wirklichen Befriedigung nicht fähig ist.

Gestehen wir zu, daß der Grundsatz, die analytische Kur solle in der Entbehrung durchgeführt werden, weit über den hier betrachteten Einzelfall hinausreicht und einer eingehenden Diskussion bedarf, durch welche die Grenzen seiner Durchführbarkeit abgesteckt werden sollen. Wir wollen es aber vermeiden, dies hier zu tun, und uns möglichst enge an die Situation halten, von der wir ausgegangen sind. Was würde geschehen, wenn der Arzt anders vorginge und die etwa beiderseits gegebene Freiheit ausnützen würde, um die Liebe der Patientin zu erwidern und ihr Bedürfnis nach Zärtlichkeit zu stillen?

Wenn ihn dabei die Berechnung leiten sollte, durch solches Entgegenkommen würde er sich die Herrschaft über die Patientin sichern und sie so bewegen, die Aufgaben der Kur zu lösen, also ihre dauernde Befreiung von der Neurose zu erwerben, so müßte ihm die Erfahrung zeigen, daß er sich verrechnet hat. Die Patientin würde ihr Ziel erreichen, er niemals das seinige. Es hätte sich zwischen Arzt und Patientin nur wieder abgespielt, was eine lustige Geschichte vom Pastor und vom Versicherungsagenten erzählt. Zu dem ungläubigen und schwerkranken Versicherungsagenten wird auf Betreiben der Angehörigen ein frommer Mann gebracht, der ihn vor seinem Tode bekehren soll. Die Unterhaltung dauert so lange, daß die Wartenden Hoffnung schöpfen. Endlich öffnet sich die Tür des Krankenzimmers. Der Ungläubige ist nicht bekehrt worden, aber der Pastor geht versichert weg.

Es wäre ein großer Triumph für die Patientin, wenn ihre Liebeswer-

Zur Dynamik der Übertragung

bung Erwiderung fände, und eine volle Niederlage für die Kur. Die Kranke hätte erreicht, wonach alle Kranken in der Analyse streben, etwas zu agieren, im Leben zu wiederholen, was sie nur erinnern, als psychisches Material reproduzieren und auf psychischem Gebiete erhalten soll.[1] Sie würde im weiteren Verlaufe des Liebesverhältnisses alle Hemmungen und pathologischen Reaktionen ihres Liebeslebens zum Vorscheine bringen, ohne daß eine Korrektur derselben möglich wäre, und das peinliche Erlebnis mit Reue und großer Verstärkung ihrer Verdrängungsneigung abschließen. Das Liebesverhältnis macht eben der Beeinflußbarkeit durch die analytische Behandlung ein Ende; eine Vereinigung von beiden ist ein Unding.

Die Gewährung des Liebesverlangens der Patientin ist also ebenso verhängnisvoll für die Analyse wie die Unterdrückung desselben. Der Weg des Analytikers ist ein anderer, ein solcher, für den das reale Leben kein Vorbild liefert. Man hütet sich, von der Liebesübertragung abzulenken, sie zu verscheuchen oder der Patientin zu verleiden; man enthält sich ebenso standhaft jeder Erwiderung derselben. Man hält die Liebesübertragung fest, behandelt sie aber als etwas Unreales, als eine Situation, die in der Kur durchgemacht, auf ihre unbewußten Ursprünge zurückgeleitet werden soll und dazu verhelfen muß, das Verborgenste des Liebeslebens der Kranken dem Bewußtsein und damit der Beherrschung zuzuführen. Je mehr man den Eindruck macht, selbst gegen jede Versuchung gefeit zu sein, desto eher wird man der Situation ihren analytischen Gehalt entziehen können. Die Patientin, deren Sexualverdrängung doch nicht aufgehoben, bloß in den Hintergrund geschoben ist, wird sich dann sicher genug fühlen, um alle Liebesbedingungen, alle Phantasien ihrer Sexualsehnsucht, alle Einzelcharaktere ihrer Verliebtheit zum Vorscheine zu bringen, und von diesen aus dann selbst den Weg zu den infantilen Begründungen ihrer Liebe eröffnen.

Bei einer Klasse von Frauen wird dieser Versuch, die Liebesübertragung für die analytische Arbeit zu erhalten, ohne sie zu befriedigen, allerdings nicht gelingen. Es sind das Frauen von elementarer Leidenschaftlichkeit, welche keine Surrogate verträgt, Naturkinder,

---

1 Siehe die vorhergehende Abhandlung über »Erinnern...« usw. Seite 89 f.

Bemerkungen über die Übertragungsliebe

die das Psychische nicht für das Materielle nehmen wollen, die nach des Dichters Worten nur zugänglich sind »für Suppenlogik mit Knödelargumenten«. Bei diesen Personen steht man vor der Wahl: entweder Gegenliebe zeigen oder die volle Feindschaft des verschmähten Weibes auf sich laden. In keinem von beiden Fällen kann man die Interessen der Kur wahrnehmen. Man muß sich erfolglos zurückziehen und kann sich etwa das Problem vorhalten, wie sich die Fähigkeit zur Neurose mit so unbeugsamer Liebesbedürftigkeit vereinigt.

Die Art, wie man andere, minder gewalttätige Verliebte allmählich zur analytischen Auffassung nötigt, dürfte sich vielen Analytikern in gleicher Weise ergeben haben. Man betont vor allem den unverkennbaren Anteil des Widerstandes an dieser »Liebe«. Eine wirkliche Verliebtheit würde die Patientin gefügig machen und ihre Bereitwilligkeit steigern, um die Probleme ihres Falles zu lösen, bloß darum, weil der geliebte Mann es fordert. Eine solche würde gern den Weg über die Vollendung der Kur wählen, um sich dem Arzte wertvoll zu machen und die Realität vorzubereiten, in welcher die Liebesneigung ihren Platz finden könnte. Anstatt dessen zeige sich die Patientin eigensinnig und ungehorsam, habe alles Interesse für die Behandlung von sich geworfen und offenbar auch keine Achtung vor den tief begründeten Überzeugungen des Arztes. Sie produziere also einen Widerstand in der Erscheinungsform der Verliebtheit und trage überdies kein Bedenken, ihn in die Situation der sogenannten »Zwickmühle« zu bringen. Denn wenn er ablehne, wozu seine Pflicht und sein Verständnis ihn nötigen, werde sie die Verschmähte spielen können und sich dann aus Rachsucht und Erbitterung der Heilung durch ihn entziehen, wie jetzt infolge der angeblichen Verliebtheit.

Als zweites Argument gegen die Echtheit dieser Liebe führt man die Behauptung ein, daß dieselbe nicht einen einzigen neuen, aus der gegenwärtigen Situation entspringenden Zug an sich trage, sondern sich durchwegs aus Wiederholungen und Abklatschen früherer, auch infantiler Reaktionen zusammensetze. Man macht sich anheischig, dies durch die detaillierte Analyse des Liebesverhaltens der Patientin zu erweisen.

Wenn man zu diesen Argumenten noch das erforderliche Maß von

Zur Dynamik der Übertragung

Geduld hinzufügt, gelingt es zumeist, die schwierige Situation zu überwinden und entweder mit einer ermäßigten oder mit der »umgeworfenen« Verliebtheit die Arbeit fortzusetzen, deren Ziel dann die Aufdeckung der infantilen Objektwahl und der sie umspinnenden Phantasien ist. Ich möchte aber die erwähnten Argumente kritisch beleuchten und die Frage aufwerfen, ob wir mit ihnen der Patientin die Wahrheit sagen oder in unserer Notlage zu Verhehlungen und Entstellungen Zuflucht genommen haben. Mit anderen Worten: Ist die in der analytischen Kur manifest werdende Verliebtheit wirklich keine reale zu nennen?

Ich meine, wir haben der Patientin die Wahrheit gesagt, aber doch nicht die ganze, um das Ergebnis unbekümmerte. Von unseren beiden Argumenten ist das erste das stärkere. Der Anteil des Widerstandes an der Übertragungsliebe ist unbestreitbar und sehr beträchtlich. Aber der Widerstand hat diese Liebe doch nicht geschaffen, er findet sie vor, bedient sich ihrer und übertreibt ihre Äußerungen. Die Echtheit des Phänomens wird auch durch den Widerstand nicht entkräftet. Unser zweites Argument ist weit schwächer; es ist wahr, daß diese Verliebtheit aus Neuauflagen alter Züge besteht und infantile Reaktionen wiederholt. Aber dies ist der wesentliche Charakter jeder Verliebtheit. Es gibt keine, die nicht infantile Vorbilder wiederholt. Gerade das, was ihren zwanghaften, ans Pathologische mahnenden Charakter ausmacht, rührt von ihrer infantilen Bedingtheit her. Die Übertragungsliebe hat vielleicht einen Grad von Freiheit weniger als die im Leben vorkommende, normal genannte, läßt die Abhängigkeit von der infantilen Vorlage deutlicher erkennen, zeigt sich weniger schmiegsam und modifikationsfähig, aber das ist auch alles und nicht das Wesentliche.

Woran soll man die Echtheit einer Liebe sonst erkennen? An ihrer Leistungsfähigkeit, ihrer Brauchbarkeit zur Durchsetzung des Liebeszieles? In diesem Punkte scheint die Übertragungsliebe hinter keiner anderen zurückzustehen; man hat den Eindruck, daß man alles von ihr erreichen könnte.

Resümieren wir also: Man hat kein Anrecht, der in der analytischen Behandlung zutage tretenden Verliebtheit den Charakter einer »echten« Liebe abzustreiten. Wenn sie sowenig normal erscheint, so erklärt sich dies hinreichend aus dem Umstande, daß auch die son-

Bemerkungen über die Übertragungsliebe

stige Verliebtheit außerhalb der analytischen Kur eher an die abnormen als an die normalen seelischen Phänomene erinnert. Immerhin ist sie durch einige Züge ausgezeichnet, welche ihr eine besondere Stellung sichern. Sie ist 1. durch die analytische Situation provoziert, 2. durch den diese Situation beherrschenden Widerstand in die Höhe getrieben, und 3., sie entbehrt in hohem Grade der Rücksicht auf die Realität, sie ist unkluger, unbekümmerter um ihre Konsequenzen, verblendeter in der Schätzung der geliebten Person, als wir einer normalen Verliebtheit gerne zugestehen wollen. Wir dürfen aber nicht vergessen, daß gerade diese von der Norm abweichenden Züge das Wesentliche einer Verliebtheit ausmachen.

Für das Handeln des Arztes ist die erste der drei erwähnten Eigenheiten der Übertragungsliebe das Maßgebende. Er hat diese Verliebtheit durch die Einleitung der analytischen Behandlung zur Heilung der Neurose hervorgelockt; sie ist für ihn das unvermeidliche Ergebnis einer ärztlichen Situation, ähnlich wie die körperliche Entblößung eines Kranken oder wie die Mitteilung eines lebenswichtigen Geheimnisses. Damit steht es für ihn fest, daß er keinen persönlichen Vorteil aus ihr ziehen darf. Die Bereitwilligkeit der Patientin ändert nichts daran, wälzt nur die ganze Verantwortlichkeit auf seine eigene Person. Die Kranke war ja, wie er wissen muß, auf keinen anderen Mechanismus der Heilung vorbereitet. Nach glücklicher Überwindung aller Schwierigkeiten gesteht sie oft die Erwartungsphantasie ein, mit der sie in die Kur eingetreten war: Wenn sie sich brav benehme, werde sie am Ende durch die Zärtlichkeit des Arztes belohnt werden.

Für den Arzt vereinigen sich nun ethische Motive mit den technischen, um ihn von der Liebesgewährung an die Kranke zurückzuhalten. Er muß das Ziel im Auge behalten, daß das in seiner Liebesfähigkeit durch infantile Fixierungen behinderte Weib zur freien Verfügung über diese für sie unschätzbar wichtige Funktion gelange, aber sie nicht in der Kur verausgabe, sondern sie fürs reale Leben bereithalte, wenn dessen Forderungen nach der Behandlung an sie herantreten. Er darf nicht die Szene des Hundewettrennens mit ihr aufführen, bei dem ein Kranz von Würsten als Preis ausgesetzt ist und das ein Spaßvogel verdirbt, indem er eine einzelne Wurst in die Rennbahn wirft. Über die fallen die Hunde her und

Zur Dynamik der Übertragung

vergessen ans Wettrennen und an den in der Ferne winkenden Kranz für den Sieger. Ich will nicht behaupten, daß es dem Arzte immer leicht wird, sich innerhalb der ihm von Ethik und Technik vorgeschriebenen Schranken zu halten. Besonders der jüngere und noch nicht fest gebundene Mann mag die Aufgabe als eine harte empfinden. Unzweifelhaft ist die geschlechtliche Liebe einer der Hauptinhalte des Lebens und die Vereinigung seelischer und körperlicher Befriedigung im Liebesgenusse geradezu einer der Höhepunkte desselben. Alle Menschen bis auf wenige verschrobene Fanatiker wissen das und richten ihr Leben danach ein; nur in der Wissenschaft ziert man sich, es zuzugestehen. Anderseits ist es eine peinliche Rolle für den Mann, den Abweisenden und Versagenden zu spielen, wenn das Weib um Liebe wirbt, und von einer edlen Frau, die sich zu ihrer Leidenschaft bekennt, geht trotz Neurose und Widerstand ein unvergleichbarer Zauber aus. Nicht das grobsinnliche Verlangen der Patientin stellt die Versuchung her. Dies wirkt ja eher abstoßend und ruft alle Toleranz auf, um es als natürliches Phänomen gelten zu lassen. Die feineren und zielgehemmten Wunschregungen des Weibes sind es vielleicht, die die Gefahr mit sich bringen, Technik und ärztliche Aufgabe über ein schönes Erlebnis zu vergessen.

Und doch bleibt für den Analytiker das Nachgeben ausgeschlossen. So hoch er die Liebe schätzen mag, er muß es höher stellen, daß er die Gelegenheit hat, seine Patientin über eine entscheidende Stufe ihres Lebens zu heben. Sie hat von ihm die Überwindung des Lustprinzips zu lernen, den Verzicht auf eine naheliegende, aber sozial nicht eingeordnete Befriedigung zugunsten einer entfernteren, vielleicht überhaupt unsicheren, aber psychologisch wie sozial untadeligen. Zum Zwecke dieser Überwindung soll sie durch die Urzeiten ihrer seelischen Entwicklung durchgeführt werden und auf diesem Wege jenes Mehr von seelischer Freiheit erwerben, durch welches sich die bewußte Seelentätigkeit – im systematischen Sinne – von der unbewußten unterscheidet.

Der analytische Psychotherapeut hat so einen dreifachen Kampf zu führen, in seinem Inneren gegen die Mächte, welche ihn von dem analytischen Niveau herabziehen möchten, außerhalb der Analyse gegen die Gegner, die ihm die Bedeutung der sexuellen Triebkräfte bestreiten und es ihm verwehren, sich ihrer in seiner wissenschaftlichen Technik zu bedienen, und in der Analyse gegen seine Patienten, die sich anfangs wie die Gegner gebärden, dann aber die sie beherrschende Überschätzung des Sexuallebens kundgeben und den Arzt mit ihrer sozial ungebändigten Leidenschaftlichkeit gefangennehmen wollen.

Die Laien, von deren Einstellung zur Psychoanalyse ich eingangs sprach, werden gewiß auch diese Erörterungen über die Übertragungsliebe zum Anlasse nehmen, um die Aufmerksamkeit der Welt auf die Gefährlichkeit dieser therapeutischen Methode zu lenken. Der Psychoanalytiker weiß, daß er mit den explosivsten Kräften arbeitet und derselben Vorsicht und Gewissenhaftigkeit bedarf wie der Chemiker. Aber wann ist dem Chemiker je die Beschäftigung mit den ob ihrer Wirkung unentbehrlichen Explosivstoffen wegen deren Gefährlichkeit untersagt worden? Es ist merkwürdig, daß sich die Psychoanalyse alle Lizenzen erst neu erobern muß, die anderen ärztlichen Tätigkeiten längst zugestanden sind. Ich bin gewiß nicht dafür, daß die harmlosen Behandlungsmethoden aufgegeben werden sollen. Sie reichen für manche Fälle aus, und schließlich kann die menschliche Gesellschaft den *furor sanandi* ebensowenig brauchen wie irgendeinen anderen Fanatismus. Aber es heißt die Psychoneurosen nach ihrer Herkunft und ihrer praktischen Bedeutung arg unterschätzen, wenn man glaubt, diese Affektionen müßten durch Operationen mit harmlosen Mittelchen zu besiegen sein. Nein, im ärztlichen Handeln wird neben der *medicina* immer ein Raum bleiben für das *ferrum* und für das *ignis*, und so wird auch die kunstgerechte, unabgeschwächte Psychoanalyse nicht zu entbehren sein, die sich nicht scheut, die gefährlichsten seelischen Regungen zu handhaben und zum Wohle des Kranken zu meistern.

KONSTRUKTIONEN IN DER ANALYSE

(1937)

KONSTRUKTIONEN IN DER ANALYSE

I

Ein sehr verdienter Forscher, dem ich es immer hoch angerechnet, daß er der Psychoanalyse Gerechtigkeit erwiesen zu einer Zeit, da die meisten anderen sich über diese Verpflichtung hinaussetzten, hat doch einmal eine ebenso kränkende wie ungerechte Äußerung über unsere analytische Technik getan. Er sagte, wenn wir einem Patienten unsere Deutungen vortragen, verfahren wir gegen ihn nach dem berüchtigten Prinzip: *Heads I win, tails you lose.* Das heißt, wenn er uns zustimmt, dann ist es eben recht; wenn er aber widerspricht, dann ist es nur ein Zeichen seines Widerstandes, gibt uns also auch recht. Auf diese Weise behalten wir immer recht gegen die hilflose arme Person, die wir analysieren, gleichgiltig wie sie sich gegen unsere Zumutungen verhalten mag. Da es nun richtig ist, daß ein Nein unseres Patienten uns im allgemeinen nicht bestimmt, unsere Deutung als unrichtig aufzugeben, ist eine solche Entlarvung unserer Technik den Gegnern der Analyse sehr willkommen gewesen. Es verlohnt sich darum, eingehend darzustellen, wie wir das »Ja« und das »Nein« des Patienten während der analytischen Behandlung, den Ausdruck seiner Zustimmung und seines Widerspruchs, einzuschätzen pflegen. Freilich wird bei dieser Rechtfertigung kein ausübender Analytiker etwas erfahren, was er nicht schon weiß.

Es ist bekanntlich die Absicht der analytischen Arbeit, den Patienten dahin zu bringen, daß er die Verdrängungen – im weitesten Sinne verstanden – seiner Frühentwicklung wieder aufhebe, um sie durch Reaktionen zu ersetzen, wie sie einem Zustand von psychischer Gereiftheit entsprechen würden. Zu diesem Zwecke soll er bestimmte Erlebnisse und die durch sie hervorgerufenen Affektregungen wieder erinnern, die derzeit bei ihm vergessen sind. Wir wissen, daß seine gegenwärtigen Symptome und Hemmungen die Folgen solcher Verdrängungen, also der Ersatz für jenes Vergessene sind. Was für Materialien stellt er uns zur Verfügung, durch deren Ausnützung wir ihn auf den Weg führen können, die verlorenen Erinnerungen wiederzugewinnen? Mancherlei, Bruchstücke dieser Erinnerungen in seinen Träumen, an sich von unvergleichlichem Wert, aber in der Regel schwer entstellt durch alle die Faktoren, die an der Traumbildung Anteil haben; Einfälle, die er produziert, wenn er sich der »freien Assoziation« überläßt, aus denen wir Anspielungen auf die verdrängten Erlebnisse und Abkömmlinge der unterdrückten Affektregungen sowie der Reaktionen gegen sie herauszufinden vermögen; endlich Andeutung von Wiederholungen der dem Verdrängten zugehörigen Affekte in wichtigeren oder geringfügigen Handlungen des Patienten innerhalb wie außerhalb der analytischen Situation. Wir haben die Erfahrung gemacht, daß das Verhältnis der Übertragung, das sich zum Analytiker herstellt, besonders geeignet ist, um die Wiederkehr solcher Affektbeziehungen zu begünstigen. Aus diesem Rohstoff – sozusagen – sollen wir das Gewünschte herstellen.

Das Gewünschte ist ein zuverlässiges und in allen wesentlichen Stücken vollständiges Bild der vergessenen Lebensjahre des Patienten. Hier werden wir aber daran gemahnt, daß die analytische Arbeit aus zwei ganz verschiedenen Stücken besteht, daß sie sich auf zwei gesonderten Schauplätzen vollzieht, an zwei Personen vor sich geht, von denen jedem eine andere Aufgabe zugewiesen ist. Man fragt sich einen Augenblick lang, warum man auf diese grundlegende Tatsache nicht längst aufmerksam gemacht wurde, aber man sagt sich sofort, daß einem hier nichts vorenthalten wurde, daß es sich um ein allgemein bekanntes, sozusagen selbstverständliches Faktum handelt, das nur hier in einer besonderen Absicht herausgehoben und für sich gewürdigt wird. Wir wissen alle, der Analysierte soll dazu gebracht werden, etwas von ihm Erlebtes und Verdrängtes zu erinnern, und die dynamischen Bedingungen dieses Vorgangs sind so interessant, daß das andere Stück der Arbeit, die Leistung des Analytikers, dagegen in den Hintergrund rückt. Der Analytiker hat von dem, worauf es ankommt, nichts erlebt und nichts verdrängt; seine Aufgabe kann es nicht sein, etwas zu erinnern. Was ist also seine Aufgabe? Er hat das Vergessene aus den Anzeichen, die es hinterlassen, zu erraten oder, richtiger ausgedrückt, zu *konstru-*

ieren. Wie, wann umd mit welchen Erläuterungen er seine Konstruktionen dem Analysierten mitteilt, das stellt die Verbindung her zwischen beiden Stücken der analytischen Arbeit, zwischen seinem Anteil und dem des Analysierten.

Seine Arbeit der Konstruktion oder, wenn man es so lieber hört, der Rekonstruktion, zeigt eine weitgehende Übereinstimmung mit der des Archäologen, der eine zerstörte und verschüttete Wohnstätte oder ein Bauwerk der Vergangenheit ausgräbt. Sie ist eigentlich damit identisch, nur daß der Analytiker unter besseren Bedingungen arbeitet, über mehr Hilfsmaterial verfügt, weil er sich um etwas noch Lebendes bemüht, nicht um ein zerstörtes Objekt, und vielleicht auch noch aus einem anderen Grunde. Aber wie der Archäologe aus stehengebliebenen Mauerresten die Wandungen des Gebäudes aufbaut, aus Vertiefungen im Boden die Anzahl und Stellung von Säulen bestimmt, aus den im Schutt gefundenen Resten die einstigen Wandverzierungen und Wandgemälde wiederherstellt, genauso geht der Analytiker vor, wenn er seine Schlüsse aus Erinnerungsbrocken, Assoziationen und aktiven Äußerungen des Analysierten zieht. Beiden bleibt das Recht zur Rekonstruktion durch Ergänzung und Zusammenfügung der erhaltenen Reste unbestritten. Auch manche Schwierigkeiten und Fehlerquellen sind für beide Fälle die nämlichen. Eine der heikelsten Aufgaben der Archäologie ist bekanntlich die Bestimmung des relativen Alters eines Fundes, und wenn ein Objekt in einer bestimmten Schicht zum Vorschein kommt, bleibt es oft zu entscheiden, ob es dieser Schicht angehört oder durch eine spätere Störung in die Tiefe geraten ist. Es ist leicht zu erraten, was bei den analytischen Konstruktionen diesem Zweifel entspricht.

Wir haben gesagt, der Analytiker arbeite unter günstigeren Verhältnissen als der Archäolog, weil er auch über Material verfügt, zu dem die Ausgrabungen kein Gegenstück bringen können, z.B. die Wiederholungen von aus der Frühzeit stammenden Reaktionen und alles, was durch die Übertragung an solchen Wiederholungen aufgezeigt wird. Außerdem kommt aber in Betracht, daß der Ausgräber es mit zerstörten Objekten zu tun hat, von denen große und wichtige Stücke ganz gewiß verlorengegangen sind, durch mechanische Gewalt, Feuer und Plünderung. Keiner Bemühung kann es gelingen, sie aufzufinden, um sie mit den erhaltenen Resten zusammenzusetzen. Man ist einzig und allein auf die Rekonstruktion angewiesen, die sich darum oft genug nicht über eine gewisse Wahrscheinlichkeit erheben kann. Anders ist es mit dem psychischen Objekt, dessen Vorgeschichte der Analytiker erheben will. Hier trifft regelmäßig zu, was sich beim archäologischen Objekt nur in glücklichen Ausnahmsfällen ereignet hat wie in Pompeji und mit dem Grab des Tutankhamen. Alles Wesentliche ist erhalten, selbst was vollkommen vergessen scheint, ist noch irgendwie und irgendwo vorhanden, nur verschüttet, der Verfügung des Individuums unzugänglich gemacht. Man darf ja bekanntlich bezweifeln, ob irgendeine psychische Bildung wirklich voller Zerstörung anheimfällt. Es ist nur eine Frage der analytischen Technik, ob es gelingen wird, das Verborgene vollständig zum Vorschein zu bringen. Dieser außerordentlichen Bevorzugung der analytischen Arbeit stehen nur zwei andere Tatsachen entgegen, nämlich daß das psychische Objekt unvergleichlich komplizierter ist als das materielle des Ausgräbers und daß unsere Kenntnis nicht genügend vorbereitet ist auf das, was wir finden sollen, da dessen intime Struktur noch soviel Geheimnisvolles birgt. Und nun kommt unser Vergleich der beiden Arbeiten auch zu seinem Ende, denn der Hauptunterschied der beiden liegt darin, daß für die Archäologie die Rekonstruktion das Ziel und das Ende der Bemühung ist, für die Analyse aber ist die Konstruktion nur eine Vorarbeit.

II

Vorarbeit allerdings nicht in dem Sinne, daß sie zuerst als Ganzes erledigt werden müßte, bevor man das nächste beginnt, etwa wie bei einem Hausbau, wo alle Mauern aufgerichtet und alle Fenster eingesetzt sein müssen, ehe man sich mit der inneren Dekoration der Gemächer beschäftigen kann. Jeder Analytiker weiß, daß es in der analytischen Behandlung anders zugeht, daß beide Arten von Arbeit nebeneinander herlaufen, die eine immer voran, die andere an sie anschließend. Der Analytiker bringt ein Stück Konstruktion fertig, teilt es dem Analysierten mit, damit es auf ihn wirke; dann

Konstruktionen in der Analyse (II)

konstruiert er ein weiteres Stück aus dem neu zuströmenden Material, verfährt damit auf dieselbe Weise, und in solcher Abwechslung weiter bis zum Ende. Wenn man in den Darstellungen der analytischen Technik so wenig von »Konstruktionen« hört, so hat dies seinen Grund darin, daß man anstatt dessen von »Deutungen« und deren Wirkung spricht. Aber ich meine, Konstruktion ist die weitaus angemessenere Bezeichnung. Deutung bezieht sich auf das, was man mit einem einzelnen Element des Materials, einem Einfall, einer Fehlleistung u. dgl. vornimmt. Eine Konstruktion ist es aber, wenn man dem Analysierten ein Stück seiner vergessenen Vorgeschichte etwa in folgender Art vorführt: Bis zu Ihrem $n$ten Jahr haben Sie sich als alleinigen und unbeschränkten Besitzer der Mutter betrachtet, dann kam ein zweites Kind und mit ihm eine schwere Enttäuschung. Die Mutter hat Sie für eine Weile verlassen, sich auch später Ihnen nicht mehr ausschließlich gewidmet. Ihre Empfindungen für die Mutter wurden ambivalent, der Vater gewann eine neue Bedeutung für Sie und so weiter.

In unserem Aufsatz ist unsere Aufmerksamkeit ausschließlich dieser Vorarbeit der Konstruktionen zugewendet. Und da erhebt sich zuallererst die Frage, welche Garantien haben wir während der Arbeit an den Konstruktionen, daß wir nicht irregehen und den Erfolg der Behandlung durch die Vertretung einer unrichtigen Konstruktion aufs Spiel setzen? Es mag uns scheinen, daß diese Frage eine allgemeine Beantwortung überhaupt nicht zuläßt, aber noch vor dieser Erörterung wollen wir einer trostreichen Auskunft lauschen, die uns die analytische Erfahrung gibt. Die lehrt uns nämlich, es bringt keinen Schaden, wenn wir uns einmal geirrt und dem Patienten eine unrichtige Konstruktion als die wahrscheinliche historische Wahrheit vorgetragen haben. Es bedeutet natürlich einen Zeitverlust, und wer dem Patienten immer nur irrige Kombinationen zu erzählen weiß, wird ihm keinen guten Eindruck machen und es in seiner Behandlung nicht weit bringen, aber ein einzelner solcher Irrtum ist harmlos. Was in solchem Falle geschieht, ist vielmehr, daß der Patient wie unberührt bleibt, weder mit Ja noch mit Nein darauf reagiert. Das kann möglicherweise nur ein Aufschub seiner Reaktion sein; bleibt es aber so, dann dürfen wir den Schluß ziehen, daß wir uns geirrt haben, und werden dies ohne Einbuße an unserer

Zur Dynamik der Übertragung

Autorität bei passender Gelegenheit dem Patienten eingestehen. Diese Gelegenheit ist gegeben, wenn neues Material zum Vorschein gekommen ist, das eine bessere Konstruktion und somit die Korrektur des Irrtums gestattet. Die falsche Konstruktion fällt in solcher Art heraus, als ob sie nie gemacht worden wäre, ja in manchen Fällen gewinnt man den Eindruck, als hätte man, mit Polonius zu reden, den Wahrheitskarpfen grade mit Hilfe des Lügenköders gefangen. Die Gefahr, den Patienten durch Suggestion irrezuführen, indem man ihm Dinge »einredet«, an die man selbst glaubt, die er aber nicht annehmen sollte, ist sicherlich maßlos übertrieben worden. Der Analytiker müßte sich sehr inkorrekt benommen haben, wenn ihm ein solches Mißgeschick zustoßen könnte; vor allem hätte er sich vorzuwerfen, daß er den Patienten nicht zu Wort kommen ließ. Ich kann ohne Ruhmredigkeit behaupten, daß ein solcher Mißbrauch der »Suggestion« in meiner Tätigkeit sich niemals ereignet hat.

Aus dem Vorstehenden geht bereits hervor, daß wir keineswegs geneigt sind, die Anzeichen zu vernachlässigen, die sich aus der Reaktion des Patienten auf die Mitteilung einer unserer Konstruktionen ableiten. Wir wollen diesen Punkt eingehend behandeln. Es ist richtig, daß wir ein »Nein« des Analysierten nicht als vollwertig hinnehmen, aber ebensowenig lassen wir sein »Ja« gelten; es ist ganz ungerechtfertigt, uns zu beschuldigen, daß wir seine Äußerung in allen Fällen in eine Bestätigung umdeuten. In Wirklichkeit geht es nicht so einfach zu, machen wir uns die Entscheidung nicht so leicht.

Das direkte »Ja« des Analysierten ist vieldeutig. Es kann in der Tat anzeigen, daß er die vernommene Konstruktion als richtig anerkennt, es kann aber auch bedeutungslos sein oder selbst was wir »heuchlerisch« heißen können, indem es seinem Widerstand bequem ist, die nicht aufgedeckte Wahrheit durch eine solche Zustimmung weiterhin zu verbergen. Einen Wert hat dies Ja nur, wenn es von indirekten Bestätigungen gefolgt wird, wenn der Patient in unmittelbarem Anschluß an sein Ja neue Erinnerungen produziert, welche die Konstruktion ergänzen und erweitern. Nur in diesem Falle anerkennen wir das »Ja« als die volle Erledigung des betreffenden Punktes.

Konstruktionen in der Analyse (II)

Das Nein des Analysierten ist ebenso vieldeutig und eigentlich noch weniger verwendbar als sein Ja. In seltenen Fällen erweist es sich als Ausdruck berechtigter Ablehnung; ungleich häufiger ist es Äußerung eines Widerstandes, der durch den Inhalt der mitgeteilten Konstruktion hervorgerufen wird, aber ebensowohl von einem anderen Faktor der komplexen analytischen Situation herrühren kann. Das Nein des Patienten beweist also nichts für die Richtigkeit der Konstruktion, es verträgt sich aber sehr gut mit dieser Möglichkeit. Da jede solche Konstruktion unvollständig ist, nur ein Stückchen des vergessenen Geschehens erfaßt, steht es uns frei anzunehmen, daß der Analysierte nicht eigentlich das ihm Mitgeteilte leugnet, sondern seinen Widerspruch von dem noch nicht aufgedeckten Anteil her aufrechthält. Er wird in der Regel seine Zustimmung erst dann äußern, wenn er die ganze Wahrheit erfahren hat, und die ist oft recht weitläufig. Die einzig sichere Deutung seines »Nein« ist also die auf Unvollständigkeit; die Konstruktion hat ihm gewiß nicht alles gesagt.

Es ergibt sich also, daß man aus den direkten Äußerungen des Patienten nach der Mitteilung einer Konstruktion wenig Anhaltspunkte gewinnen kann, ob man richtig oder unrichtig geraten hat. Um so interessanter ist es, daß es indirekte Arten der Bestätigung gibt, die durchaus zuverlässig sind. Eine derselben ist eine Redensart, die man in wenig abgeänderten Worten von den verschiedensten Personen wie über Verabredung zu hören bekommt. Sie lautet: *Das (daran) habe ich* (oder: hätte ich) *nie gedacht.* Man kann diese Äußerung unbedenklich übersetzen: Ja, Sie haben das *Unbewußte* in diesem Falle richtig getroffen. Leider hört man die dem Analytiker so erwünschte Formel häufiger nach Einzeldeutungen als nach der Mitteilung umfangreicher Konstruktionen. Eine ebenso wertvolle Bestätigung, diesmal positiv ausgedrückt, ist es, wenn der Analysierte mit einer Assoziation antwortet, die etwas dem Inhalt der Konstruktion Ähnliches oder Analoges enthält. Anstatt eines Beispieles hiefür aus einer Analyse, das leicht aufzufinden, aber weitläufig darzustellen wäre, möchte ich hier ein kleines außeranalytisches Erlebnis erzählen, das einen solchen Sachverhalt mit beinahe komisch wirkender Eindringlichkeit darstellt. Es handelte sich um einen Kollegen, der mich – es ist lange her – zum Konsiliarius in seiner ärztlichen Tätigkeit gewählt hatte. Eines Tages aber brachte er mir seine junge Frau, die ihm Ungelegenheiten bereitete. Sie verweigerte ihm unter allerlei Vorwänden den sexuellen Verkehr, und er erwartete offenbar von mir, daß ich sie über die Folgen ihres unzweckmäßigen Benehmens aufklären sollte. Ich ging darauf ein und setzte ihr auseinander, daß ihre Weigerung bei ihrem Mann wahrscheinlich bedauerliche Gesundheitsstörungen oder Versuchungen hervorrufen würde, die zum Verfall ihrer Ehe führen könnten. Dabei unterbrach er mich plötzlich, um mir zu sagen: Der Engländer, bei dem Sie einen Hirntumor diagnostiziert haben, ist *auch* schon gestorben. Die Rede schien zuerst unverständlich, das *auch* im Satze rätselhaft, es war von keinem anderen Gestorbenen gesprochen worden. Eine kurze Weile später verstand ich. Der Mann wollte mich offenbar bekräftigen, er wollte sagen: Ja, Sie haben ganz gewiß recht, Ihre Diagnose bei dem Patienten hat sich *auch* bestätigt. Es war ein volles Gegenstück zu den indirekten Bestätigungen durch Assoziationen, die wir in den Analysen erhalten. Daß an der Äußerung des Kollegen auch andere, von ihm beiseite geschobene Gedanken einen Anteil gehabt haben, will ich nicht bestreiten.

Die indirekte Bestätigung durch Assoziationen, die zum Inhalt der Konstruktion passen, die ein solches »auch« mit sich bringen, gibt unserem Urteil wertvolle Anhaltspunkte, um zu erraten, ob sich diese Konstruktion in der Fortsetzung der Analyse bewahrheiten wird. Besonders eindrucksvoll ist auch der Fall, wenn sich die Bestätigung mit Hilfe einer Fehlleistung in den direkten Widerspruch einschleicht. Ein schönes Beispiel dieser Art habe ich früher einmal an anderer Stelle veröffentlicht. In den Träumen des Patienten tauchte wiederholt der in Wien wohlbekannte Name *Jauner* auf, ohne in seinen Assoziationen genügende Aufklärung zu finden. Ich versuchte dann die Deutung, er meine wohl *Gauner*, wenn er *Jauner* sage, und der Patient antwortet prompt: Das scheint mir doch zu *jewagt*. Oder der Patient will die Zumutung, daß ihm eine bestimmte Zahlung zu hoch erscheine, mit den Worten zurückweisen: Zehn Dollars spielen bei mir keine Rolle, setzt aber anstatt Dollars die niedrigere Geldsorte ein und sagt: Zehn Schilling.

Konstruktionen in der Analyse (III)

Wenn die Analyse unter dem Druck starker Momente steht, die eine negative therapeutische Reaktion erzwingen, wie Schuldbewußtsein, masochistisches Leidensbedürfnis, Sträuben gegen die Hilfeleistung des Analytikers, macht das Verhalten des Patienten nach der Mitteilung der Konstruktion uns oft die gesuchte Entscheidung sehr leicht. Ist die Konstruktion falsch, so ändert sich nichts beim Patienten; wenn sie aber richtig ist oder eine Annäherung an die Wahrheit bringt, so reagiert er auf sie mit einer unverkennbaren Verschlimmerung seiner Symptome und seines Allgemeinbefindens.

Zusammenfassend werden wir feststellen, wir verdienen nicht den Vorwurf, daß wir die Stellungnahme des Analysierten zu unseren Konstruktionen geringschätzig zur Seite drängen. Wir achten auf sie und entnehmen ihr oft wertvolle Anhaltspunkte. Aber diese Reaktionen des Patienten sind zumeist vieldeutig und gestatten keine endgültige Entscheidung. Nur die Fortsetzung der Analyse kann die Entscheidung über Richtigkeit oder Unbrauchbarkeit unserer Konstruktion bringen. Wir geben die einzelne Konstruktion für nichts anderes aus als für eine Vermutung, die auf Prüfung, Bestätigung oder Verwerfung wartet. Wir beanspruchen keine Autorität für sie, fordern vom Patienten keine unmittelbare Zustimmung, diskutieren nicht mit ihm, wenn er ihr zunächst widerspricht. Kurz, wir benehmen uns nach dem Vorbild einer bekannten Nestroyschen Figur, des Hausknechts, der für alle Fragen und Einwendungen die einzige Antwort bereit hat: *Im Laufe der Begebenheiten wird alles klar werden.*

III

Wie dies in der Fortsetzung der Analyse vor sich geht, auf welchen Wegen sich unsere Vermutung in die Überzeugung des Patienten verwandelt, das darzustellen lohnt kaum der Mühe; es ist aus täglicher Erfahrung jedem Analytiker bekannt und bietet dem Verständnis keine Schwierigkeit. Nur ein Punkt daran verlangt nach Untersuchung und Aufklärung. Der Weg, der von der Konstruktion des Analytikers ausgeht, sollte in der Erinnerung des Analy-

sierten enden; er führt nicht immer so weit. Oft genug gelingt es nicht, den Patienten zur Erinnerung des Verdrängten zu bringen. Anstatt dessen erreicht man bei ihm durch korrekte Ausführung der Analyse eine sichere Überzeugung von der Wahrheit der Konstruktion, die therapeutisch dasselbe leistet wie eine wiedergewonnene Erinnerung. Unter welchen Umständen dies geschieht und wie es möglich wird, daß ein scheinbar unvollkommener Ersatz doch die volle Wirkung tut, das bleibt ein Stoff für spätere Forschung.
Ich werde diese kleine Mitteilung mit einigen Bemerkungen beschließen, die eine weitere Perspektive eröffnen. Es ist mir in einigen Analysen aufgefallen, daß die Mitteilung einer offenbar zutreffenden Konstruktion ein überraschendes und zunächst unverständliches Phänomen bei den Analysierten zum Vorschein brachte. Sie bekamen lebhafte Erinnerungen, von ihnen selbst als »überdeutlich« bezeichnet, aber sie erinnerten nicht etwa die Begebenheit, die der Inhalt der Konstruktion war, sondern Details, die diesem Inhalt nahestanden, z. B. die Gesichter der darin genannten Personen überscharf oder die Räume, in denen sich Ähnliches hätte zutragen können, oder, ein Stück weiter weg, die Einrichtungsgegenstände dieser Räumlichkeiten, von denen die Konstruktion natürlich nichts hatte wissen können. Dies geschah ebensowohl in Träumen unmittelbar nach der Mitteilung als auch im Wachen in phantasieartigen Zuständen. An diese Erinnerungen selbst schloß weiter nichts an; es lag dann nahe, sie als Ergebnis eines Kompromisses aufzufassen. Der »Auftrieb« des Verdrängten, durch die Mitteilung der Konstruktion rege geworden, hatte jene bedeutsamen Erinnerungsspuren zum Bewußtsein tragen wollen; einem Widerstand war es gelungen, zwar nicht die Bewegung aufzuhalten, aber wohl sie auf benachbarte, nebensächliche Objekte zu verschieben.
Diese Erinnerungen hätte man Halluzinationen nennen können, wenn zu ihrer Deutlichkeit der Glaube an ihre Aktualität hinzugekommen wäre. Aber die Analogie gewann an Bedeutung, als ich auf das gelegentliche Vorkommen wirklicher Halluzinationen bei anderen, gewiß nicht psychotischen Fällen aufmerksam wurde. Der Gedankengang ging dann weiter: Vielleicht ist es ein allgemeiner Charakter der Halluzination, bisher nicht genug gewürdigt, daß in ihr etwas in der Frühzeit Erlebtes und dann Vergessenes wiederkehrt,

Konstruktionen in der Analyse (III)

etwas, was das Kind gesehen oder gehört zur Zeit, da es noch kaum sprachfähig war, und was sich nun dem Bewußtsein aufdrängt, wahrscheinlich entstellt und verschoben in Wirkung der Kräfte, die sich einer solchen Wiederkehr widersetzen. Und bei der nahen Beziehung der Halluzination zu bestimmten Formen von Psychose darf unser Gedankengang noch weiter greifen. Vielleicht sind die Wahnbildungen, in denen wir diese Halluzinationen so regelmäßig eingefügt finden, selbst nicht so unabhängig vom Auftrieb des Unbewußten und von der Wiederkehr des Verdrängten, wie wir gemeinhin annehmen. Wir betonen im Mechanismus einer Wahnbildung in der Regel nur zwei Momente, die Abwendung von der Realwelt und deren Motive einerseits und den Einfluß der Wunscherfüllung auf den Inhalt des Wahns anderseits. Aber kann der dynamische Vorgang nicht eher der sein, daß die Abwendung von der Realität vom Auftrieb des Verdrängten ausgenützt wird, um seinen Inhalt dem Bewußtsein aufzudrängen, wobei die bei diesem Vorgang erregten Widerstände und die Tendenz zur Wunscherfüllung sich in die Verantwortlichkeit für die Entstellung und Verschiebung des Wiedererinnerten teilen? Das ist doch auch der uns bekannte Mechanismus des Traumes, den schon uralte Ahnung dem Wahnsinn gleichgesetzt hat.

Ich glaube nicht, daß diese Auffassung des Wahns vollkommen neu ist, aber sie betont doch einen Gesichtspunkt, der für gewöhnlich nicht in den Vordergrund gerückt wird. Wesentlich an ihr ist die Behauptung, daß der Wahnsinn nicht nur Methode hat, wie schon der Dichter erkannte, sondern daß auch ein Stück *historischer Wahrheit* in ihm enthalten ist, und es liegt uns nahe anzunehmen, daß der zwanghafte Glaube, den der Wahn findet, gerade aus solch infantiler Quelle seine Stärke bezieht. Mir stehen heute, um diese Theorie zu erweisen, nur Reminiszenzen zu Gebote, nicht frische Eindrücke. Es würde wahrscheinlich die Mühe lohnen, wenn man versuchte, entsprechende Krankheitsfälle nach den hier entwickelten Voraussetzungen zu studieren und auch ihre Behandlung danach einzurichten. Man würde die vergebliche Bemühung aufgeben, den Kranken von dem Irrsinn seines Wahns, von seinem Widerspruch zur Realität, zu überzeugen, und vielmehr in der Anerkennung des Wahrheitskerns einen gemeinsamen Boden finden, auf dem sich die therapeutische Arbeit entwickeln kann. Diese Arbeit bestünde darin, das Stück historischer Wahrheit von seinen Entstellungen und Anlehnungen an die reale Gegenwart zu befreien und es zurechtzurücken an die Stelle der Vergangenheit, der es zugehört. Die Verrückung aus der vergessenen Vorzeit in die Gegenwart oder in die Erwartung der Zukunft ist ja ein regelmäßiges Vorkommnis auch beim Neurotiker. Oft genug, wenn ihn ein Angstzustand erwarten läßt, daß sich etwas Schreckliches ereignen wird, steht er bloß unter dem Einfluß einer verdrängten Erinnerung, die zum Bewußtsein kommen möchte und nicht bewußt werden kann, daß etwas damals Schreckhaftes sich wirklich ereignet hat. Ich meine, man wird aus solchen Bemühungen an Psychotikern sehr viel Wertvolles erfahren, auch wenn ihnen der therapeutische Erfolg versagt bleibt.

Ich weiß, daß es nicht verdienstlich ist, ein so wichtiges Thema so beiläufig zu behandeln, wie es hier geschieht. Ich bin dabei der Verlockung einer Analogie gefolgt. Die Wahnbildungen der Kranken erscheinen mir als Äquivalente der Konstruktionen, die wir in den analytischen Behandlungen aufbauen, Versuche zur Erklärung und Wiederherstellung, die unter den Bedingungen der Psychose allerdings nur dazu führen können, das Stück Realität, das man in der Gegenwart verleugnet, durch ein anderes Stück zu ersetzen, das man in früher Vorzeit gleichfalls verleugnet hatte. Die intimen Beziehungen zwischen dem Stoff der gegenwärtigen Verleugnung und dem der damaligen Verdrängung aufzudecken wird die Aufgabe der Einzeluntersuchung. Wie unsere Konstruktion nur dadurch wirkt, daß sie ein Stück verlorengegangener Lebensgeschichte wiederbringt, so dankt auch der Wahn seine überzeugende Kraft dem Anteil historischer Wahrheit, den er an die Stelle der abgewiesenen Realität einsetzt. In solcher Art würde auch der Wahn sich dem Satze unterwerfen, den ich früher einmal nur für die Hysterie ausgesprochen habe, der Kranke leide an seinen Reminiszenzen. Diese kurze Formel wollte auch damals nicht die Komplikation der Krankheitsverursachung bestreiten und die Wirkung so vieler anderer Momente ausschließen.

Erfaßt man die Menschheit als ein Ganzes und setzt sie an die Stelle des einzelnen menschlichen Individuums, so findet man, daß auch sie Wahnbildungen entwickelt hat, die der logischen Kritik unzugänglich sind und der Wirklichkeit widersprechen. Wenn sie trotzdem eine außerordentliche Gewalt über die Menschen äußern können, so führt die Untersuchung zum gleichen Schluß wie beim einzelnen Individuum. Sie danken ihre Macht dem Gehalt an *historischer Wahrheit*, die sie aus der Verdrängung vergessener Urzeiten heraufgeholt haben.

DIE ENDLICHE UND DIE UNENDLICHE ANALYSE

(1937)

DIE ENDLICHE UND DIE UNENDLICHE ANALYSE

I

Erfahrung hat uns gelehrt, die psychoanalytische Therapie, die Befreiung eines Menschen von seinen neurotischen Symptomen, Hemmungen und Charakterabnormitäten, ist eine langwierige Arbeit. Daher sind von allem Anfang an Versuche unternommen worden, um die Dauer der Analysen zu verkürzen. Solche Bemühungen bedurften keiner Rechtfertigung, sie konnten sich auf die verständigsten und zweckmäßigsten Beweggründe berufen. Aber es wirkte in ihnen wahrscheinlich auch noch ein Rest jener ungeduldigen Geringschätzung, mit der eine frühere Periode der Medizin die Neurosen betrachtet hatte, als überflüssige Erfolge unsichtbarer Schädigungen. Wenn man sich jetzt mit ihnen beschäftigen mußte, wollte man nur möglichst bald mit ihnen fertig werden. Einen besonders energischen Versuch in dieser Richtung hat O. Rank gemacht im Anschluß an sein Buch »Das Trauma der Geburt« (1924). Er nahm an, daß der Geburtsakt die eigentliche Quelle der Neurose sei, indem er die Möglichkeit mit sich bringt, daß die »Urfixierung« an die Mutter nicht überwunden wird und als »Urverdrängung« fortbesteht. Durch die nachträgliche analytische Erledigung dieses Urtraumas hoffte Rank die ganze Neurose zu beseitigen, so daß das eine Stückchen Analyse alle übrige analytische Arbeit ersparte. Einige wenige Monate sollten für diese Leistung genügen. Man wird nicht bestreiten, daß der Ranksche Gedankengang kühn und geistreich war; aber er hielt einer kritischen Prüfung nicht stand. Der Versuch Ranks war übrigens aus der Zeit geboren, unter dem Eindruck des Gegensatzes von europäischem Nachkriegselend und amerikanischer »*prosperity*« konzipiert und dazu bestimmt, das Tempo der analytischen Therapie der Hast des amerikanischen Lebens anzugleichen. Man hat nicht viel davon gehört, was die Ausführung des Rankschen Planes für Krankheitsfälle geleistet hat. Wahrscheinlich nicht mehr, als die Feuerwehr leisten würde, wenn sie im Falle eines

Hausbrandes durch eine umgestürzte Petroleumlampe sich damit begnügte, die Lampe aus dem Zimmer zu entfernen, in dem der Brand entstanden war. Eine erhebliche Abkürzung der Löschaktion wäre allerdings auf diese Weise zu erreichen. Theorie und Praxis des Rankschen Versuchs gehören heute der Vergangenheit an – nicht anders als die amerikanische »*prosperity*« selbst.

Einen anderen Weg, um den Ablauf einer analytischen Kur zu beschleunigen, hatte ich selbst noch vor der Kriegszeit eingeschlagen. Ich übernahm damals die Behandlung eines jungen Russen, der, durch Reichtum verwöhnt, in völliger Hilflosigkeit, von Leibarzt und Pfleger begleitet, nach Wien gekommen war.[1] Im Laufe einiger Jahre gelang es, ihm ein großes Stück seiner Selbständigkeit wiederzugeben, sein Interesse am Leben zu wecken, seine Beziehungen zu den für ihn wichtigsten Personen in Ordnung zu bringen, aber dann stockte der Fortschritt; die Aufklärung der Kindheitsneurose, auf der ja die spätere Erkrankung begründet war, ging nicht weiter, und es war deutlich zu erkennen, daß der Patient seinen derzeitigen Zustand als recht behaglich empfand und keinen Schritt tun wollte, der ihn dem Ende der Behandlung näherbrächte. Es war ein Fall von Selbsthemmung der Kur; sie war in Gefahr, grade an ihrem – teilweisen – Erfolg zu scheitern. In dieser Lage griff ich zu dem heroischen Mittel der Terminsetzung. Ich eröffnete dem Patienten zu Beginn einer Arbeitssaison, daß dieses nächste Jahr das letzte der Behandlung sein werde, gleichgiltig, was er in der ihm noch zugestandenen Zeit leiste. Er schenkte mir zunächst keinen Glauben, aber nachdem er sich von dem unverbrüchlichen Ernst meiner Absicht überzeugt hatte, trat die gewünschte Wandlung bei ihm ein. Seine Widerstände schrumpften ein, und in diesen letzten Monaten konnte er alle Erinnerungen reproduzieren und alle Zusammenhänge auffinden, die zum Verständnis seiner frühen und zur Bewältigung seiner gegenwärtigen Neurose notwendig schienen. Als er mich im Hochsommer 1914 verließ, ahnungslos wie wir alle der so

---

1 Siehe die mit Einwilligung des Patienten veröffentlichte Schrift »Aus der Geschichte einer infantilen Neurose«, 1918. Die spätere Erkrankung des jungen Mannes wird dort nicht ausführlich dargestellt, sondern nur gestreift, wo es der Zusammenhang mit der Kindheitsneurose unbedingt erfordert.

nah bevorstehenden Ereignisse, hielt ich ihn für gründlich und dauernd geheilt.
In einem Zusatz zur Krankengeschichte (1923) habe ich schon berichtet, daß dies nicht zutraf. Als er gegen Kriegsende als mittelloser Flüchtling nach Wien zurückkam, mußte ich ihm dabei helfen, ein nicht erledigtes Stück der Übertragung zu bewältigen; das gelang in einigen Monaten, und ich konnte den Nachtrag mit der Mitteilung schließen, daß »der Patient, dem der Krieg Heimat, Vermögen und alle Familienbeziehungen geraubt hatte, sich seitdem normal gefühlt und tadellos benommen hat«. Die anderthalb Jahrzehnte seither haben dies Urteil nicht Lügen gestraft, aber doch Einschränkungen daran notwendig gemacht. Der Patient ist in Wien geblieben und hat sich in einer, wenn auch bescheidenen, sozialen Position bewährt. Aber mehrmals in diesem Zeitraum wurde sein Wohlbefinden durch Krankheitszufälle unterbrochen, die nur als Ausläufer seiner Lebensneurose aufgefaßt werden konnten. Die Geschicklichkeit einer meiner Schülerinnen, Frau Dr. Ruth Mack Brunswick, hat diese Zustände jedesmal nach kurzer Behandlung zu Ende gebracht; ich hoffe, sie wird bald selbst über diese Erfahrungen berichten. In einigen dieser Anfälle handelte es sich immer noch um Restbestände der Übertragung; sie zeigten dann bei all ihrer Flüchtigkeit deutlich paranoischen Charakter. In anderen aber bestand das pathogene Material aus Fragmenten seiner Kindergeschichte, die in der Analyse bei mir nicht zum Vorschein gekommen waren und sich nun – man kann dem Vergleich nicht ausweichen – wie Fäden nach einer Operation oder nekrotische Knochenstückchen nachträglich abstießen. Ich fand die Heilungsgeschichte dieses Patienten nicht viel weniger interessant als seine Krankengeschichte.
Ich habe die Terminsetzung später auch in anderen Fällen angewendet und auch die Erfahrungen anderer Analytiker zur Kenntnis genommen. Das Urteil über den Wert dieser erpresserischen Maßregel kann nicht zweifelhaft sein. Sie ist wirksam, vorausgesetzt, daß man die richtige Zeit für sie trifft. Aber sie kann keine Garantie für die vollständige Erledigung der Aufgabe geben. Man kann im Gegenteil sicher sein, daß, während ein Teil des Materials unter dem Zwang der Drohung zugänglich wird, ein anderer Teil zurückgehalten bleibt und damit gleichsam verschüttet wird, der therapeutischen

Bemühung verlorengeht. Man darf ja den Termin nicht erstrecken, nachdem er einmal festgesetzt worden ist; sonst hat er für die weitere Folge jeden Glauben eingebüßt. Die Fortsetzung der Kur bei einem anderen Analytiker wäre der nächste Ausweg; man weiß freilich, daß ein solcher Wechsel neuen Verlust an Zeit und Verzicht auf den Ertrag aufgewendeter Arbeit bedeutet. Auch läßt sich nicht allgemein giltig angeben, wann die richtige Zeit für die Einsetzung dieses gewaltsamen technischen Mittels gekommen ist, es bleibt dem Takt überlassen. Ein Mißgriff ist nicht mehr gutzumachen. Das Sprichwort, daß der Löwe nur einmal springt, muß recht behalten.

II

Die Erörterungen über das technische Problem, wie man den langsamen Ablauf einer Analyse beschleunigen kann, leiten uns nun zu einer anderen Frage von tieferem Interesse, nämlich, ob es ein natürliches Ende einer Analyse gibt, ob es überhaupt möglich ist, eine Analyse zu einem solchen Ende zu führen. Der Sprachgebrauch unter Analytikern scheint eine solche Voraussetzung zu begünstigen, denn man hört oft bedauernd oder entschuldigend über ein in seiner Unvollkommenheit erkanntes Menschenkind äußern: Seine Analyse ist nicht fertig geworden, oder: Er ist nicht zu Ende analysiert worden.
Man muß sich zunächst darüber verständigen, was mit der mehrdeutigen Redensart »Ende einer Analyse« gemeint ist. Praktisch ist das leicht zu sagen. Die Analyse ist beendigt, wenn Analytiker und Patient sich nicht mehr zur analytischen Arbeitsstunde treffen. Sie werden so tun, wenn zwei Bedingungen ungefähr erfüllt sind, die erste, daß der Patient nicht mehr an seinen Symptomen leidet und seine Ängste wie seine Hemmungen überwunden hat, die zweite, daß der Analytiker urteilt, es sei beim Kranken so viel Verdrängtes bewußtgemacht, so viel Unverständliches aufgeklärt, so viel innerer Widerstand besiegt worden, daß man die Wiederholung der betreffenden pathologischen Vorgänge nicht zu befürchten braucht. Ist man durch äußere Schwierigkeiten verhindert worden, dies Ziel zu

Die endliche und die unendliche Analyse (II)

erreichen, so spricht man besser von einer unvollständigen als von einer unvollendeten Analyse.
Die andere Bedeutung des Endes einer Analyse ist weit ehrgeiziger. In ihrem Namen wird gefragt, ob man die Beeinflussung des Patienten so weit getrieben hat, daß eine Fortsetzung der Analyse keine weitere Veränderung versprechen kann. Also als ob man durch Analyse ein Niveau von absoluter psychischer Normalität erreichen könnte, dem man auch die Fähigkeit zutrauen dürfte, sich stabil zu erhalten, etwa wenn es gelungen wäre, alle vorgefallenen Verdrängungen aufzulösen und alle Lücken der Erinnerung auszufüllen. Man wird zuerst die Erfahrung befragen, ob dergleichen vorkommt, und dann die Theorie, ob es überhaupt möglich ist.
Jeder Analytiker wird einige Fälle mit so erfreulichem Ausgang behandelt haben. Es ist gelungen, die vorhandene neurotische Störung zu beseitigen, sie ist nicht wiedergekehrt und hat sich durch keine andere ersetzt. Man ist auch nicht ohne Einsicht in die Bedingungen dieser Erfolge. Das Ich der Patienten war nicht merklich verändert und die Ätiologie der Störung eine wesentlich traumatische. Die Ätiologie aller neurotischen Störungen ist ja eine gemischte; es handelt sich entweder um überstarke, also gegen die Bändigung durch das Ich widerspenstige Triebe oder um die Wirkung von frühzeitigen, d. h. vorzeitigen Traumen, deren ein unreifes Ich nicht Herr werden konnte. In der Regel um ein Zusammenwirken beider Momente, des konstitutionellen und des akzidentellen. Je stärker das erstere, desto eher wird ein Trauma zur Fixierung führen und eine Entwicklungsstörung zurücklassen; je stärker das Trauma, desto sicherer wird es seine Schädigung auch unter normalen Triebverhältnissen äußern. Es ist kein Zweifel, daß die traumatische Ätiologie der Analyse die weitaus günstigere Gelegenheit bietet. Nur im vorwiegend traumatischen Fall wird die Analyse leisten, was sie meisterlich kann, die unzulängliche Entscheidung aus der Frühzeit dank der Erstarkung des Ichs durch eine korrekte Erledigung ersetzen. Nur in einem solchen Falle kann man von einer endgiltig beendeten Analyse sprechen. Hier hat die Analyse ihre Schuldigkeit getan und braucht nicht fortgesetzt zu werden. Wenn der so hergestellte Patient niemals wieder eine Störung produziert, die ihn der Analyse bedürftig macht, so weiß man freilich nicht, wieviel von

dieser Immunität der Gunst des Schicksals zu danken ist, die ihm zu starke Belastungsproben erspart haben mag.
Die konstitutionelle Triebstärke und die im Abwehrkampf erworbene ungünstige Veränderung des Ichs, im Sinne einer Verrenkung und Einschränkung, sind die Faktoren, die der Wirkung der Analyse ungünstig sind und ihre Dauer ins Unabschließbare verlängern können. Man ist versucht, das erstere, die Triebstärke, auch für die Ausbildung des anderen, der Ichveränderung, verantwortlich zu machen, aber es scheint, daß diese auch ihre eigene Ätiologie hat, und eigentlich muß man zugestehen, daß diese Verhältnisse noch nicht genügend bekannt sind. Sie werden eben erst jetzt Gegenstand des analytischen Studiums. Das Interesse der Analytiker scheint mir in dieser Gegend überhaupt nicht richtig eingestellt zu sein. Anstatt zu untersuchen, wie die Heilung durch die Analyse zustande kommt, was ich für hinreichend aufgeklärt halte, sollte die Fragestellung lauten, welche Hindernisse der analytischen Heilung im Wege stehen.
Hier anschließend möchte ich zwei Probleme behandeln, die sich direkt aus der analytischen Praxis ergeben, wie die nachstehenden Beispiele zeigen sollen. Ein Mann, der die Analyse selbst mit großem Erfolge ausgeübt hat, urteilt, daß sein Verhältnis zum Mann wie zur Frau – zu den Männern, die seine Konkurrenten sind, und zur Frau, die er liebt – doch nicht frei von neurotischen Behinderungen ist, und macht sich darum zum analytischen Objekt eines anderen, den er für ihm überlegen hält. Diese kritische Durchleuchtung der eigenen Person bringt ihm vollen Erfolg. Er heiratet die geliebte Frau und wandelt sich zum Freund und Lehrer der vermeintlichen Rivalen. Es vergehen so viele Jahre, in denen auch die Beziehung zum einstigen Analytiker ungetrübt bleibt. Dann aber tritt ohne nachweisbaren äußeren Anlaß eine Störung ein. Der Analysierte tritt in Opposition zum Analytiker, er wirft ihm vor, daß er es versäumt hat, ihm eine vollständige Analyse zu geben. Er hätte doch wissen und in Betracht ziehen müssen, daß eine Übertragungsbeziehung niemals bloß positiv sein kann; er hätte sich um die Möglichkeiten einer negativen Übertragung bekümmern müssen. Der Analytiker verantwortet sich dahin, daß zur Zeit der Analyse von einer negativen Übertragung nichts zu merken war.

Die endliche und die unendliche Analyse (II)

Aber selbst angenommen, daß er leiseste Anzeichen einer solchen übersehen hätte, was bei der Enge des Horizonts in jener Frühzeit der Analyse nicht ausgeschlossen wäre, so bliebe es zweifelhaft, ob er die Macht gehabt hätte, ein Thema, oder, wie man sagt: einen »Komplex«, durch seinen bloßen Hinweis zu aktivieren, solange er beim Patienten selbst nicht aktuell war. Dazu hätte es doch gewiß einer im realen Sinne unfreundlichen Handlung gegen den Patienten bedurft. Und außerdem sei nicht jede gute Beziehung zwischen Analytiker und Analysiertem, während und nach der Analyse, als Übertragung einzuschätzen. Es gebe auch freundschaftliche Beziehungen, die real begründet sind und sich als lebensfähig erweisen.

Ich füge gleich das zweite Beispiel an, aus dem sich das nämliche Problem erhebt. Ein älteres Mädchen ist seit ihrer Pubertät durch Gehunfähigkeit infolge heftiger Beinschmerzen aus dem Leben ausgeschaltet worden, der Zustand ist offenbar hysterischer Natur, er hat vielen Behandlungen getrotzt; eine analytische Kur von dreiviertel Jahren beseitigt ihn und gibt einer tüchtigen und wertvollen Person ihre Rechte auf einen Anteil am Leben wieder. Die Jahre nach der Genesung bringen nichts Gutes: Katastrophen in der Familie, Vermögensverlust, mit dem Altern das Schwinden jeder Aussicht auf Liebesglück und Ehe. Aber die ehemals Kranke hält allem wacker stand und wirkt in schweren Zeiten als eine Stütze für die Ihrigen. Ich weiß nicht mehr, ob es 12 oder 14 Jahre nach Beendigung der Kur war, daß profuse Blutungen eine gynäkologische Untersuchung notwendig machten. Es fand sich ein Myom, das die Totalexstirpation des Uterus berechtigte. Von dieser Operation an war das Mädchen wieder krank. Sie verliebte sich in den Operateur, schwelgte in masochistischen Phantasien von den schrecklichen Veränderungen in ihrem Inneren, mit denen sie ihren Liebesroman verhüllte, erwies sich als unzugänglich für einen neuerlichen analytischen Versuch und wurde auch bis zu ihrem Lebensende nicht mehr normal. Die erfolgreiche Behandlung liegt so weit zurück, daß man keine großen Ansprüche an sie stellen darf; sie fällt in die ersten Jahre meiner analytischen Tätigkeit. Es ist immerhin möglich, daß die zweite Erkrankung aus derselben Wurzel stammte wie die glücklich überwundene erste, daß sie ein veränderter Ausdruck derselben verdrängten Regungen war, die in der Analyse nur eine unvollkommene Erledigung gefunden hatten. Aber ich möchte doch glauben, daß es ohne das neue Trauma nicht zum neuerlichen Ausbruch der Neurose gekommen wäre.

Diese beiden Fälle, absichtlich ausgewählt aus einer großen Anzahl ähnlicher, werden hinreichen, um die Diskussion über unsere Themen anzufachen. Skeptiker, Optimisten, Ehrgeizige werden sie in ganz verschiedener Weise verwerten. Die ersteren werden sagen, es sei nun erwiesen, daß auch eine geglückte analytische Behandlung den derzeit Geheilten nicht davor schütze, später an einer anderen Neurose, ja selbst an einer Neurose aus der nämlichen Triebwurzel, also eigentlich an einer Wiederkehr des alten Leidens, zu erkranken. Die anderen werden diesen Beweis nicht für erbracht halten. Sie werden einwenden, die beiden Erfahrungen stammten aus den Frühzeiten der Analyse, vor 20 und vor 30 Jahren. Seither haben sich unsere Einsichten vertieft und erweitert, unsere Technik habe sich in Anpassung an die neuen Errungenschaften verändert. Man dürfe heute fordern und erwarten, daß eine analytische Heilung sich als dauernd bewähre, oder zum mindesten, daß eine neuerliche Erkrankung sich nicht als Wiederbelebung der früheren Triebstörung in neuen Ausdrucksformen erweise. Die Erfahrung nötige uns nicht, die Ansprüche an unsere Therapie in so empfindlicher Weise einzuschränken.

Ich habe natürlich die beiden Beobachtungen darum ausgewählt, weil sie so weit zurückliegen. Je rezenter ein Erfolg der Behandlung ist, desto mehr wird er begreiflicherweise unbrauchbar für unsere Erwägungen, da wir kein Mittel haben, das spätere Schicksal einer Heilung vorherzusehen. Die Erwartungen der Optimisten setzen offenbar mancherlei voraus, was nicht grade selbstverständlich ist, erstens, daß es überhaupt möglich ist, einen Triebkonflikt (d. h. besser: einen Konflikt des Ichs mit einem Trieb) endgültig für alle Zeiten zu erledigen, zweitens, daß es gelingen kann, einen Menschen, während man ihn an dem einen Triebkonflikt behandelt, gegen alle anderen solcher Konfliktmöglichkeiten sozusagen zu impfen, drittens, daß man die Macht hat, einen solchen pathogenen Konflikt, der sich derzeit durch kein Anzeichen verrät, zum Zwecke der vorbeugenden Behandlung zu wecken, und daß man

Die endliche und die unendliche Analyse (III)

weise daran tut. Ich werfe diese Fragen auf, ohne sie gegenwärtig beantworten zu wollen. Vielleicht ist uns eine sichere Beantwortung derzeit überhaupt nicht möglich. Theoretische Überlegungen werden uns wahrscheinlich gestatten, einiges zu ihrer Würdigung beizutragen. Aber etwas anderes ist uns jetzt schon klar geworden: Der Weg zur Erfüllung der gesteigerten Ansprüche an die analytische Kur führt nicht zur oder über die Abkürzung ihrer Dauer.

III

Analytische Erfahrung, die sich über mehrere Dezennien erstreckt, und ein Wechsel in der Art und Weise meiner Betätigung ermutigen mich, die Beantwortung der gestellten Fragen zu versuchen. In früheren Zeiten hatte ich es mit einer größeren Anzahl von Patienten zu tun, die, wie begreiflich, auf rasche Erledigung drängten; in den letzten Jahren haben die Lehranalysen überwogen, und eine im Verhältnis geringe Zahl von schwerer Leidenden blieb bei mir zu fortgesetzter, wenn auch durch kurze oder längere Pausen unterbrochener Behandlung. Bei diesen letzteren war die therapeutische Zielsetzung eine andere geworden. Eine Abkürzung der Kur kam nicht mehr in Betracht, die Absicht war, eine gründliche Erschöpfung der Krankheitsmöglichkeiten und tiefgehende Veränderung der Person herbeizuführen.

Von den drei Momenten, die wir als maßgebend für die Chancen der analytischen Therapie anerkannt haben: Einfluß von Traumen – konstitutionelle Triebstärke – Ichveränderung, kommt es uns hier nur auf das mittlere an, die Triebstärke. Die nächste Überlegung läßt uns in Zweifel ziehen, ob die Einschränkung durch das Beiwort konstitutionell (oder kongenital) unerläßlich ist. So entscheidend von allem Anfang das konstitutionelle Moment sein mag, so bleibt es doch denkbar, daß eine später im Leben auftretende Triebverstärkung die gleichen Wirkungen äußern mag. Die Formel wäre dann abzuändern: derzeitige Triebstärke anstatt der konstitutionellen. Die erste unserer Fragen hat gelautet: ist es möglich, einen Konflikt des Triebs mit dem Ich oder einen pathogenen Triebanspruch an das Ich durch analytische Therapie dauernd und endgültig zu erledigen?

Es ist wahrscheinlich zur Vermeidung von Mißverständnis nicht unnötig, näher auszuführen, was mit der Wortfügung: dauernde Erledigung eines Triebanspruchs gemeint ist. Gewiß nicht, daß man ihn zum Verschwinden bringt, so daß er nie wieder etwas von sich hören läßt. Das ist im allgemeinen unmöglich, wäre auch gar nicht wünschenswert. Nein, sondern etwas anderes, was man ungefähr als die »Bändigung« des Triebes bezeichnen kann: das will heißen, daß der Trieb ganz in die Harmonie des Ichs aufgenommen, allen Beeinflussungen durch die anderen Strebungen im Ich zugänglich ist, nicht mehr seine eigenen Wege zur Befriedigung geht. Fragt man, auf welchen Wegen und mit welchen Mitteln das geschieht, so hat man's nicht leicht mit der Beantwortung. Man muß sich sagen: »So muß denn doch die Hexe dran.« Die Hexe Metapsychologie nämlich. Ohne metapsychologisches Spekulieren und Theoretisieren – beinahe hätte ich gesagt: Phantasieren – kommt man hier keinen Schritt weiter. Leider sind die Auskünfte der Hexe auch diesmal weder sehr klar noch sehr ausführlich. Wir haben nur einen Anhaltspunkt – der allerdings unschätzbar – an dem Gegensatz zwischen Primär- und Sekundärvorgang, und auf den will ich auch hier verweisen.

Wenn wir jetzt zu unserer ersten Frage zurückkehren, so finden wir, daß unser neuer Gesichtspunkt uns eine bestimmte Entscheidung aufdrängt. Die Frage hat gelautet, ob es möglich ist, einen Triebkonflikt dauernd und endgültig zu erledigen, d. h.: den Triebanspruch in solcher Weise zu »bändigen«. In dieser Fragestellung wird die Triebstärke überhaupt nicht erwähnt, aber gerade von ihr hängt der Ausgang ab. Gehen wir davon aus, daß die Analyse beim Neurotiker nichts anderes leistet, als was der Gesunde ohne diese Hilfe zustande bringt. Beim Gesunden aber, lehrt die tägliche Erfahrung, gilt jede Entscheidung eines Triebkonflikts nur für eine bestimmte Triebstärke, richtiger gesagt, nur innerhalb einer bestimmten Relation zwischen Stärke des Triebs und Stärke des Ichs.[1] Läßt die Stärke des Ichs nach, durch Krankheit, Erschöpfung u. dgl., so können alle bis dahin glücklich gebändigten Triebe ihre Ansprüche wieder anmelden und auf abnormen Wegen ihre Ersatzbefriedigungen anstre-

---

[1] In gewissenhafter Korrektur: für eine gewisse Breite dieser Relation.

ben.¹ Den unwiderleglichen Beweis für diese Behauptung gibt schon der nächtliche Traum, der auf die Schlafeinstellung des Ichs mit dem Erwachen der Triebansprüche reagiert.

Ebenso unzweifelhaft ist das Material von der anderen Seite. Zweimal im Laufe der individuellen Entwicklung treten erhebliche Verstärkungen gewisser Triebe auf, zur Pubertät und um die Menopause bei Frauen. Wir sind nicht im geringsten überrascht, wenn Personen, die vorher nicht neurotisch waren, es um diese Zeiten werden. Die Bändigung der Triebe, die ihnen bei geringerer Stärke derselben gelungen war, mißlingt nun bei deren Verstärkung. Die Verdrängungen benehmen sich wie Dämme gegen den Andrang der Gewässer. Dasselbe, was diese beiden physiologischen Triebverstärkungen leisten, kann in irregulärer Weise zu jeder anderen Lebenszeit durch akzidentelle Einflüsse herbeigeführt werden. Es kommt zu Triebverstärkungen durch neue Traumen, aufgezwungene Versagungen, kollaterale Beeinflussungen der Triebe untereinander. Der Erfolg ist alle Male der gleiche und erhärtet die unwiderstehliche Macht des quantitativen Moments in der Krankheitsverursachung.

Ich bekomme hier den Eindruck, als müßte ich mich all dieser schwerfälligen Erörterungen schämen, da doch das, was sie sagen, längst bekannt und selbstverständlich ist. Wirklich, wir haben uns immer so benommen, als wüßten wir es; nur, daß wir in unseren theoretischen Vorstellungen zumeist versäumt haben, dem *ökonomischen* Gesichtspunkt in demselben Maß Rechnung zu tragen wie dem *dynamischen* und dem *topischen*. Meine Entschuldigung ist also, daß ich an dieses Versäumnis mahne.

Ehe wir uns aber für eine Antwort auf unsere Frage entscheiden, haben wir einen Einwand anzuhören, dessen Stärke darin besteht, daß wir wahrscheinlich von vornherein für ihn gewonnen sind. Er

---

1 Dies zur Rechtfertigung des ätiologischen Anspruchs so unspezifischer Momente wie Überarbeitung, Schockwirkung usw., die immer der allgemeinen Anerkennung sicher waren und grade von der Psychoanalyse in den Hintergrund gedrängt werden mußten. Gesundheit läßt sich eben nicht anders denn metapsychologisch beschreiben, bezogen auf Kräfteverhältnisse zwischen den von uns erkannten, wenn man will, erschlossenen, vermuteten, Instanzen des seelischen Apparats.

Zur Dynamik der Übertragung

sagt, unsere Argumente sind alle aus den spontanen Vorgängen zwischen Ich und Trieb hergeleitet und setzen voraus, daß die analytische Therapie nichts machen kann, was nicht unter günstigen, normalen Verhältnissen von selbst geschieht. Aber ist das wirklich so? Erhebt nicht gerade unsere Theorie den Anspruch, einen Zustand herzustellen, der im Ich spontan nie vorhanden ist und dessen Neuschöpfung den wesentlichen Unterschied zwischen dem analysierten und dem nicht analysierten Menschen ausmacht? Halten wir uns vor, worauf sich dieser Anspruch beruft. Alle Verdrängungen geschehen in früher Kindheit; es sind primitive Abwehrmaßregeln des unreifen, schwachen Ichs. In späteren Jahren werden keine neuen Verdrängungen vollzogen, aber die alten erhalten sich, und ihre Dienste werden vom Ich weiterhin zur Triebbeherrschung in Anspruch genommen. Neue Konflikte werden, wie wir es ausdrücken, durch »Nachverdrängung« erledigt. Von diesen infantilen Verdrängungen mag gelten, was wir allgemein behauptet haben, daß sie voll und ganz vom relativen Kräfteverhältnis abhängen und einer Steigerung der Triebstärke nicht standhalten können. Die Analyse aber läßt das gereifte und erstarkte Ich eine Revision dieser alten Verdrängungen vornehmen; einige werden abgetragen, andere anerkannt, aber aus soliderem Material neu aufgebaut. Diese neuen Dämme haben eine ganz andere Haltbarkeit als die früheren; ihnen darf man zutrauen, daß sie den Hochfluten der Triebsteigerung nicht so leicht nachgeben werden. Die nachträgliche Korrektur des ursprünglichen Verdrängungsvorganges, die der Übermacht des quantitativen Faktors ein Ende macht, wäre also die eigentliche Leistung der analytischen Therapie.

So weit unsere Theorie, auf die wir ohne unwidersprechlichen Zwang nicht verzichten können. Und was sagt die Erfahrung dazu? Die ist vielleicht noch nicht umfassend genug für eine sichere Entscheidung. Oft genug gibt sie unseren Erwartungen recht, doch nicht jedesmal. Man hat den Eindruck, daß man nicht überrascht sein dürfte, wenn sich am Ende herausstellt, daß der Unterschied zwischen dem nicht Analysierten und dem späteren Verhalten des Analysierten doch nicht so durchgreifend ist, wie wir es erstreben, erwarten und behaupten. Demnach würde es der Analyse zwar manchmal gelingen, den Einfluß der Triebverstärkung auszuschal-

Die endliche und die unendliche Analyse (III)

ten, aber nicht regelmäßig. Oder ihre Wirkung beschränkte sich darauf, die Widerstandskraft der Hemmungen zu erhöhen, so daß sie nach der Analyse weit stärkeren Anforderungen gewachsen wären als vor der Analyse oder ohne eine solche. Ich getraue mich hier wirklich keiner Entscheidung, weiß auch nicht, ob sie derzeit möglich ist.

Man kann sich dem Verständnis dieser Unstetigkeit in der Wirkung der Analyse aber von anderer Seite her nähern. Wir wissen, es ist der erste Schritt zur intellektuellen Bewältigung der Umwelt, in der wir leben, daß wir Allgemeinheiten, Regeln, Gesetze herausfinden, die Ordnung in das Chaos bringen. Durch diese Arbeit vereinfachen wir die Welt der Phänomene, können aber nicht umhin, sie auch zu verfälschen, besonders wenn es sich um Vorgänge von Entwicklung und Umwandlung handelt. Es kommt uns darauf an, eine qualitative Änderung zu erfassen, und wir vernachlässigen dabei in der Regel, wenigstens zunächst, einen quantitativen Faktor. In der Realität sind die Übergänge und Zwischenstufen weit häufiger als die scharf gesonderten, gegensätzlichen Zustände. Bei Entwicklungen und Verwandlungen richtet sich unsere Aufmerksamkeit allein auf das Resultat; wir übersehen gern, daß sich solche Vorgänge gewöhnlich mehr oder weniger unvollständig vollziehen, also eigentlich im Grunde nur partielle Veränderungen sind. Der scharfsinnige Satiriker des alten Österreichs, J. Nestroy, hat einmal geäußert: »Ein jeder Fortschritt ist nur immer halb so groß, als wie er zuerst ausschaut.« Man wäre versucht, dem boshaften Satz eine recht allgemeine Geltung zuzusprechen. Es gibt fast immer Resterscheinungen, ein partielles Zurückbleiben. Wenn der freigebige Mäzen uns durch einen vereinzelten Zug von Knauserei überrascht, der sonst Übergute sich plötzlich in einer feindseligen Handlung gehenläßt, so sind diese »Resterscheinungen« unschätzbar für die genetische Forschung. Sie zeigen uns, daß jene lobenswerten und wertvollen Eigenschaften auf Kompensation und Überkompensation beruhen, die, wie zu erwarten stand, nicht durchaus, nicht nach dem vollen Betrag gelungen sind. Wenn unsere erste Beschreibung der Libidoentwicklung gelautet hat, eine ursprüngliche, orale Phase mache der sadistisch-analen und diese der phallisch-genitalen Platz, so hat spätere Forschung dem nicht etwa widersprochen, sondern zur

Korrektur hinzugefügt, daß diese Ersetzungen nicht plötzlich, sondern allmählich erfolgen, so daß jederzeit Stücke der früheren Organisation neben der neueren fortbestehen, und daß selbst bei normaler Entwicklung die Umwandlung nie vollständig geschieht, so daß noch in der endgültigen Gestaltung Reste der früheren Libidofixierungen erhalten bleiben können. Auf ganz anderen Gebieten sehen wir das nämliche. Keiner der angeblich überwundenen Irr- und Aberglauben der Menschheit, von dem nicht Reste heute unter uns fortleben, in den tieferen Schichten der Kulturvölker oder selbst in den obersten Schichten der Kulturgesellschaft. Was einmal zu Leben gekommen ist, weiß sich zäh zu behaupten. Manchmal könnte man zweifeln, ob die Drachen der Urzeit wirklich ausgestorben sind.

Um nun die Anwendung auf unseren Fall zu machen, ich meine, die Antwort auf die Frage, wie sich die Unstetigkeit unserer analytischen Therapie erklärt, könnte leicht sein, daß wir unsere Absicht, die undichten Verdrängungen durch zuverlässige, ichgerechte Bewältigungen zu ersetzen, auch nicht immer im vollen Umfang, also nicht gründlich genug erreichen. Die Umwandlung gelingt, aber oft nur partiell; Anteile der alten Mechanismen bleiben von der analytischen Arbeit unberührt. Es läßt sich schwer beweisen, daß dem wirklich so ist; wir haben ja keinen anderen Weg, es zu beurteilen, als eben den Erfolg, den es zu erklären gilt. Aber die Eindrücke, die man während der analytischen Arbeit empfängt, widersprechen unserer Annahme nicht, scheinen sie eher zu bestätigen. Man darf nur die Klarheit unserer eigenen Einsicht nicht zum Maß der Überzeugung nehmen, die wir beim Analysierten hervorrufen. Es mag ihr an »Tiefe« fehlen, wie wir sagen können; es handelt sich immer um den gerne übersehenen quantitativen Faktor. Wenn dies die Lösung ist, so kann man sagen, die Analyse habe mit ihrem Anspruch, sie heile Neurosen durch die Sicherung der Triebbeherrschung, in der Theorie immer recht, in der Praxis nicht immer. Und zwar darum, weil es ihr nicht immer gelingt, die Grundlagen der Triebbeherrschung in genügendem Ausmaß zu sichern. Der Grund dieses partiellen Mißerfolgs ist leicht zu finden. Das quantitative Moment der Triebstärke hatte sich seinerzeit dem Abwehrstreben des Ichs widersetzt; wir haben darum die analytische Arbeit zu Hilfe gerufen, und nun setzt dasselbe Moment der Wirksamkeit dieser neuen Bemühung eine Grenze. Bei übergroßer Triebstärke mißlingt dem gereiften und von der Analyse unterstützten Ich die Aufgabe, ähnlich wie früher dem hilflosen Ich; die Triebbeherrschung wird besser, aber sie bleibt unvollkommen, weil die Umwandlung des Abwehrmechanismus nur unvollständig ist. Daran ist nichts zu verwundern, denn die Analyse arbeitet nicht mit unbegrenzten, sondern mit beschränkten Machtmitteln, und das Endergebnis hängt immer vom relativen Kräfteverhältnis der miteinander ringenden Instanzen ab.

Es ist unzweifelhaft wünschenswert, die Dauer einer analytischen Kur abzukürzen, aber der Weg zur Durchsetzung unserer therapeutischen Absicht führt nur über die Verstärkung der analytischen Hilfskraft, die wir dem Ich zuführen wollen. Die hypnotische Beeinflussung schien ein ausgezeichnetes Mittel für unsere Zwecke zu sein; es ist bekannt, warum wir darauf verzichten mußten. Ein Ersatz für die Hypnose ist bisher nicht gefunden worden, aber man versteht von diesem Gesichtspunkt aus die leider vergeblichen therapeutischen Bemühungen, denen ein Meister der Analyse wie Ferenczi seine letzten Lebensjahre gewidmet hat.

IV

Die beiden anschließenden Fragen, ob man den Patienten während der Behandlung eines Triebkonflikts gegen zukünftige Triebkonflikte schützen kann und ob es ausführbar und zweckmäßig ist, einen derzeit nicht manifesten Triebkonflikt zum Zwecke der Vorbeugung zu wecken, sollen miteinander behandelt werden, denn es ist offenbar, daß man die erste Aufgabe nur lösen kann, indem man das zweite tut, also den in der Zukunft möglichen Konflikt in einen aktuellen verwandelt, den man der Beeinflussung unterzieht. Diese neue Fragestellung ist im Grunde nur eine Fortführung der früheren. Handelte es sich vorhin um eine Verhütung der Wiederkehr *desselben* Konflikts, so jetzt um seine mögliche Ersetzung durch einen anderen. Was man da vorhat, klingt sehr ehrgeizig, aber man

will sich nur klarmachen, welche Grenzen der Leistungsfähigkeit einer analytischen Therapie gesteckt sind.
Sosehr es den therapeutischen Ehrgeiz verlocken mag, sich derartige Aufgaben zu stellen, die Erfahrung hat nur eine glatte Abweisung bereit. Wenn ein Triebkonflikt nicht aktuell ist, sich nicht äußert, kann man ihn auch durch die Analyse nicht beeinflussen. Die Warnung, schlafende Hunde nicht zu wecken, die man unseren Bemühungen um die Erforschung der psychischen Unterwelt so oft entgegengehalten, ist für die Verhältnisse des Seelenlebens ganz besonders unangebracht. Denn, wenn die Triebe Störungen machen, ist es ein Beweis, daß die Hunde nicht schlafen, und wenn sie wirklich zu schlafen scheinen, liegt es nicht in unserer Macht, sie aufzuwecken. Diese letztere Behauptung scheint aber nicht ganz zutreffend, sie fordert eine eingehendere Diskussion heraus. Überlegen wir, welche Mittel wir haben, um einen derzeit latenten Triebkonflikt aktuell zu machen. Offenbar können wir nur zweierlei tun: entweder Situationen herbeiführen, in denen er aktuell wird, oder uns damit begnügen, von ihm in der Analyse zu sprechen, auf seine Möglichkeit hinzuweisen. Die erstere Absicht kann auf zweierlei Wegen erreicht werden; erstens in der Realität, zweitens in der Übertragung, beide Male, indem wir den Patienten einem Maß von realem Leiden durch Versagung und Libidostauung aussetzen. Nun ist es richtig, daß wir uns einer solchen Technik schon in der gewöhnlichen Übung der Analyse bedienen. Was wäre sonst der Sinn der Vorschrift, daß die Analyse »in der Versagung« durchgeführt werden soll? Aber das ist eine Technik bei der Behandlung eines bereits aktuellen Konflikts. Wir suchen diesen Konflikt zuzuspitzen, ihn zur schärfsten Ausbildung zu bringen, um die Triebkraft für seine Lösung zu steigern. Die analytische Erfahrung hat uns gezeigt, daß jedes Besser ein Feind des Guten ist, daß wir in jeder Phase der Herstellung mit der Trägheit des Patienten zu kämpfen haben, die bereit ist, sich mit einer unvollkommenen Erledigung zu begnügen.
Wenn wir aber auf eine vorbeugende Behandlung von nicht aktuellen, bloß möglichen Triebkonflikten ausgehen, genügt es nicht, vorhandenes und unvermeidliches Leiden zu regulieren, man müßte sich entschließen, neues ins Leben zu rufen, und dies hat man bisher

Die endliche und die unendliche Analyse (IV)

gewiß mit Recht dem Schicksal überlassen. Von allen Seiten würde man vor der Vermessenheit gewarnt werden, im Wettbewerb mit dem Schicksal so grausame Versuche mit den armen Menschenkindern anzustellen. Und welcher Art würden diese sein? Kann man es verantworten, daß man im Dienst der Prophylaxe eine befriedigende Ehe zerstört oder eine Stellung aufgeben läßt, mit der die Lebenssicherung des Analysierten verbunden ist? Zum Glück kommt man gar nicht in die Lage, über die Berechtigung solcher Eingriffe ins reale Leben nachzudenken; man hat überhaupt nicht die Machtvollkommenheit, die sie erfordern, und das Objekt dieses therapeutischen Experiments würde gewiß nicht mittun wollen. Ist dergleichen also in der Praxis so gut wie ausgeschlossen, so hat die Theorie noch andere Einwände dagegen. Die analytische Arbeit geht nämlich am besten vor sich, wenn die pathogenen Erlebnisse der Vergangenheit angehören, so daß das Ich Distanz zu ihnen gewinnen konnte. In akut krisenhaften Zuständen ist die Analyse so gut wie nicht zu brauchen. Alles Interesse des Ichs wird dann von der schmerzhaften Realität in Anspruch genommen und verweigert sich der Analyse, die hinter diese Oberfläche führen und die Einflüsse der Vergangenheit aufdecken will. Einen frischen Konflikt zu schaffen wird also die analytische Arbeit nur verlängern und erschweren.

Man wird einwenden, das seien völlig überflüssige Erörterungen. Niemand denke daran, die Behandlungsmöglichkeit des latenten Triebkonflikts dadurch herzustellen, daß man absichtlich eine neue Leidenssituation heraufbeschwört. Das sei auch keine rühmenswerte prophylaktische Leistung. Es sei zum Beispiel bekannt, daß eine überstandene Scarlatina eine Immunität gegen die Wiederkehr der gleichen Erkrankung zurückläßt; darum fällt es doch den Internisten nicht ein, einen Gesunden, der möglicherweise an Scarlatina erkranken kann, zum Zwecke dieser Sicherung mit Scarlatina zu infizieren. Die Schutzhandlung darf nicht dieselbe Gefahrsituation herstellen wie die der Erkrankung selbst, sondern nur eine um sehr viel geringere, wie es bei der Blatternimpfung und vielen ähnlichen Verfahren erreicht wird. Es kämen also auch bei einer analytischen Prophylaxe der Triebkonflikte nur die beiden anderen Methoden in Betracht, die künstliche Erzeugung von neuen Konflikten in der

Übertragung, denen doch der Charakter der Realität abgeht, und die Erweckung solcher Konflikte in der Vorstellung des Analysierten, indem man von ihnen spricht und ihn mit ihrer Möglichkeit vertraut macht.
Ich weiß nicht, ob man behaupten darf, das erstere dieser beiden milderen Verfahren sei in der Analyse durchaus unanwendbar. Es fehlt an besonders darauf gerichteten Untersuchungen. Aber es drängen sich sofort Schwierigkeiten auf, die das Unternehmen nicht als sehr aussichtsreich erscheinen lassen. Erstens, daß man in der Auswahl solcher Situationen für die Übertragung recht eingeschränkt ist. Der Analysierte selbst kann nicht alle seine Konflikte in der Übertragung unterbringen; ebensowenig kann der Analytiker aus der Übertragungssituation alle möglichen Triebkonflikte des Patienten wachrufen. Man kann ihn etwa eifersüchtig werden oder Liebesenttäuschungen erleben lassen, aber dazu braucht es keine technische Absicht. Dergleichen tritt ohnedies spontan in den meisten Analysen auf. Zweitens aber darf man nicht übersehen, daß alle solche Veranstaltungen unfreundliche Handlungen gegen den Analysierten notwendig machen, und durch diese schädigt man die zärtliche Einstellung zum Analytiker, die positive Übertragung, die das stärkste Motiv für die Beteiligung des Analysierten an der gemeinsamen analytischen Arbeit ist. Man wird also von diesen Verfahren keinesfalls viel erwarten dürfen.
So erübrigt also nur jener Weg, den man ursprünglich wahrscheinlich allein im Auge gehabt hat. Man erzählt dem Patienten von den Möglichkeiten anderer Triebkonflikte und weckt seine Erwartung, daß sich dergleichen auch bei ihm ereignen könnte. Man hofft nun, solche Mitteilung und Warnung werde den Erfolg haben, beim Patienten einen der angedeuteten Konflikte in bescheidenem und doch zur Behandlung zureichendem Maß zu aktivieren. Aber diesmal gibt die Erfahrung eine unzweideutige Antwort. Der erwartete Erfolg stellt sich nicht ein. Der Patient hört die Botschaft wohl, allein es fehlt der Widerhall. Er mag sich denken: Das ist ja sehr interessant, aber ich verspüre nichts davon. Man hat sein Wissen vermehrt und sonst nichts in ihm verändert. Der Fall ist ungefähr derselbe wie bei der Lektüre psychoanalytischer Schriften. Der Leser wird nur bei jenen Stellen »aufgeregt«, in denen er sich getroffen fühlt, die

also die in ihm derzeit wirksamen Konflikte betreffen. Alles andere läßt ihn kalt. Ich meine, man kann analoge Erfahrungen machen, wenn man Kindern sexuelle Aufklärungen gibt. Ich bin weit entfernt zu behaupten, es sei ein schädliches oder überflüssiges Vorgehen, aber man hat offenbar die vorbeugende Wirkung dieser liberalen Maßregel weit überschätzt. Die Kinder wissen jetzt etwas, was sie bisher nicht gewußt haben, aber sie machen nichts mit den neuen, ihnen geschenkten Kenntnissen. Man überzeugt sich, daß sie nicht einmal so rasch bereit sind, ihnen jene, man möchte sagen: naturwüchsigen, Sexualtheorien zum Opfer zu bringen, die sie im Einklang mit und in Abhängigkeit von ihrer unvollkommenen Libidoorganisation gebildet haben, von der Rolle des Storchs, von der Natur des sexuellen Verkehrs, von der Art, wie die Kinder zustande kommen. Noch lange Zeit, nachdem sie die sexuelle Aufklärung empfangen haben, benehmen sie sich wie die Primitiven, denen man das Christentum aufgedrängt hat und die im geheimen fortfahren, ihre alten Götzen zu verehren.

V

Wir sind von der Frage ausgegangen, wie man die beschwerlich lange Dauer einer analytischen Behandlung abkürzen kann, und sind dann, immer noch vom Interesse für zeitliche Verhältnisse geleitet, zur Untersuchung fortgeschritten, ob man Dauerheilung erzielen oder gar durch vorbeugende Behandlung zukünftige Erkrankung fernhalten kann. Wir haben dabei als maßgebend für den Erfolg unserer therapeutischen Bemühung erkannt die Einflüsse der traumatischen Ätiologie, die relative Stärke der zu beherrschenden Triebe und etwas, was wir die Ichveränderung nannten. Nur bei dem zweiten dieser Momente haben wir ausführlicher verweilt, hatten dabei Anlaß, die überragende Wichtigkeit des quantitativen Faktors anzuerkennen und das Anrecht der metapsychologischen Betrachtungsweise bei jedem Erklärungsversuch zu betonen.
Über das dritte Moment, das der Ichveränderung, haben wir noch nichts geäußert. Wenden wir uns ihm zu, so empfangen wir den ersten Eindruck, daß hier viel zu fragen und zu beantworten ist und

Zur Dynamik der Übertragung

daß, was wir dazu zu sagen haben, sich als sehr unzureichend erweisen wird. Dieser erste Eindruck hält auch bei weiterer Beschäftigung mit dem Problem stand. Die analytische Situation besteht bekanntlich darin, daß wir uns mit dem Ich der Objektperson verbünden, um unbeherrschte Anteile ihres Es zu unterwerfen, also sie in die Synthese des Ichs einzubeziehen. Die Tatsache, daß ein solches Zusammenarbeiten beim Psychotiker regelmäßig mißlingt, leiht unserem Urteil einen ersten festen Punkt. Das Ich, mit dem wir einen solchen Pakt schließen können, muß ein normales Ich sein. Aber ein solches Normal-Ich ist, wie die Normalität überhaupt, eine Idealfiktion. Das abnorme, für unsere Absichten unbrauchbare Ich ist leider keine. Jeder Normale ist eben nur durchschnittlich normal, sein Ich nähert sich dem des Psychotikers in dem oder jenem Stück, in größerem oder geringerem Ausmaß, und der Betrag der Entfernung von dem einen und der Annäherung an das andere Ende der Reihe wird uns vorläufig ein Maß für die so unbestimmt gekennzeichnete »Ichveränderung« sein.

Fragen wir, woher die so mannigfaltigen Arten und Grade der Ichveränderung rühren mögen, so ist die nächste unvermeidliche Alternative, sie sind entweder ursprünglich oder erworben. Der zweite Fall wird leichter zu behandeln sein. Wenn erworben, dann gewiß im Laufe der Entwicklung von den ersten Lebenszeiten an. Von allem Anfang an muß ja das Ich seine Aufgabe zu erfüllen suchen, zwischen seinem Es und der Außenwelt im Dienste des Lustprinzips vermitteln, das Es gegen die Gefahren der Außenwelt behüten. Wenn es im Laufe dieser Bemühung lernt, sich auch gegen das eigene Es defensiv einzustellen und dessen Triebansprüche wie äußere Gefahren zu behandeln, so geschieht dies wenigstens zum Teil darum, weil es versteht, daß die Triebbefriedigung zu Konflikten mit der Außenwelt führen würde. Das Ich gewöhnt sich dann unter dem Einfluß der Erziehung, den Schauplatz des Kampfes von außen nach innen zu verlegen, die *innere* Gefahr zu bewältigen, ehe sie zur *äußeren* geworden ist, und tut wahrscheinlich zumeist gut daran. Während dieses Kampfes auf zwei Fronten – später wird eine dritte Front hinzukommen – bedient sich das Ich verschiedener Verfahren, um seiner Aufgabe zu genügen, allgemein ausgedrückt, um Gefahr, Angst, Unlust zu vermeiden. Wir nennen diese Verfahren

Die endliche und die unendliche Analyse (V)

»*Abwehrmechanismen*«. Sie sind uns noch nicht erschöpfend genug bekannt. Das Buch von Anna Freud hat uns einen ersten Einblick in ihre Mannigfaltigkeit und vielseitige Bedeutung gestattet.[1]
Von einem dieser Mechanismen, von der Verdrängung, hat das Studium der neurotischen Vorgänge überhaupt seinen Ausgang genommen. Es war nie ein Zweifel daran, daß die Verdrängung nicht das einzige Verfahren ist, das dem Ich für seine Absichten zu Gebote steht. Immerhin ist sie etwas ganz Besonderes, das von den anderen Mechanismen schärfer geschieden ist als diese untereinander. Ich möchte ihr Verhältnis zu diesen anderen durch einen Vergleich deutlich machen, weiß aber, daß in diesen Gebieten Vergleichungen nie weit tragen. Man denke also an die möglichen Schicksale eines Buches zur Zeit, als Bücher noch nicht in Auflagen gedruckt, sondern einzeln geschrieben wurden. Ein solches Buch enthalte Angaben, die in späteren Zeiten als unerwünscht betrachtet werden. Etwa wie nach Robert Eisler[2] die Schriften des Flavius Josephus Stellen über Jesus Christus enthalten haben müssen, an denen die spätere Christenheit Anstoß nahm. Die amtliche Zensur würde in der Jetztzeit keinen anderen Abwehrmechanismus anwenden als die Konfiskation und Vernichtung jedes Exemplars der ganzen Auflage. Damals wandte man verschiedene Methoden zur Unschädlichmachung an. Entweder die anstößigen Stellen wurden dick durchgestrichen, so daß sie unleserlich waren; sie konnten dann auch nicht abgeschrieben werden, und der nächste Kopist des Buches lieferte einen tadellosen Text, aber an einigen Stellen lückenhaft und vielleicht dort unverständlich. Oder man begnügte sich nicht damit, wollte auch den Hinweis auf die Verstümmelung des Textes vermeiden; man ging also dazu über, den Text zu entstellen. Man ließ einzelne Worte aus oder ersetzte sie durch andere, man schaltete neue Sätze ein; am besten strich man die ganze Stelle heraus und fügte an ihrer Statt eine andere ein, die das genaue Gegenteil besagte. Der nächste Abschreiber des Buches konnte dann einen unverdächtigen Text herstellen,

---
[1] Anna Freud: Das Ich und die Abwehrmechanismen, Imago Publishing Co., London, 1946; 1. Auflage, Wien, 1936.
[2] Robert Eisler: Jesus Basileus. Religionswissenschaftliche Bibliothek, begründet von W. Streitberg, Band 9, Heidelberg bei Carl Winter, 1929.

der aber verfälscht war; er enthielt nicht mehr, was der Autor hatte mitteilen wollen, und sehr wahrscheinlich war er nicht zur Wahrheit korrigiert worden.
Wenn man den Vergleich nicht allzu strenge durchführt, kann man sagen, die Verdrängung verhält sich zu den anderen Abwehrmethoden wie die Auslassung zur Textentstellung, und in den verschiedenen Formen dieser Verfälschung kann man die Analogien zur Mannigfaltigkeit der Ichveränderung finden. Man kann den Einwand versuchen, dieser Vergleich gleite in einem wesentlichen Punkte ab, denn die Textentstellung ist das Werk einer tendenziösen Zensur, zu der die Ichentwicklung kein Gegenstück zeigt. Aber dem ist nicht so, denn diese Tendenz wird durch den Zwang des Lustprinzips weitgehend vertreten. Der psychische Apparat verträgt die Unlust nicht, er muß sich ihrer um jeden Preis erwehren, und wenn die Wahrnehmung der Realität Unlust bringt, muß sie – die Wahrheit also – geopfert werden. Gegen die äußere Gefahr kann man sich eine ganze Weile durch Flucht und Vermeidung der Gefahrsituation helfen, bis man später einmal stark genug wird, um die Drohung durch aktive Veränderung der Realität aufzuheben. Aber vor sich selbst kann man nicht fliehen, gegen die innere Gefahr hilft keine Flucht, und darum sind die Abwehrmechanismen des Ichs dazu verurteilt, die innere Wahrnehmung zu verfälschen und uns nur eine mangelhafte und entstellte Kenntnis unseres Es zu ermöglichen. Das Ich ist dann in seinen Beziehungen zum Es durch seine Einschränkungen gelähmt oder durch seine Irrtümer verblendet, und der Erfolg im psychischen Geschehen wird derselbe sein müssen, wie wenn man auf der Wanderung die Gegend nicht kennt und nicht rüstig ist im Gehen.
Die Abwehrmechanismen dienen der Absicht, Gefahren abzuhalten. Es ist unbestreitbar, daß ihnen solches gelingt; es ist zweifelhaft, ob das Ich während seiner Entwicklung völlig auf sie verzichten kann, aber es ist auch sicher, daß sie selbst zu Gefahren werden können. Manchmal stellt es sich heraus, daß das Ich für die Dienste, die sie ihm leisten, einen zu hohen Preis gezahlt hat. Der dynamische Aufwand, der erfordert wird, um sie zu unterhalten, sowie die Icheinschränkungen, die sie fast regelmäßig mit sich bringen, erweisen sich als schwere Belastungen der psychischen Ökonomie. Auch

Die endliche und die unendliche Analyse (V)

werden diese Mechanismen nicht aufgelassen, nachdem sie dem Ich in den schweren Jahren seiner Entwicklung ausgeholfen haben. Jede Person verwendet natürlich nicht alle möglichen Abwehrmechanismen, sondern nur eine gewisse Auswahl von ihnen, aber diese fixieren sich im Ich, sie werden regelmäßige Reaktionsweisen des Charakters, die durchs ganze Leben wiederholt werden, sooft eine der ursprünglichen Situation ähnliche wiederkehrt. Damit werden sie zu Infantilismen, teilen das Schicksal so vieler Institutionen, die sich über die Zeit ihrer Brauchbarkeit hinaus zu erhalten streben. »Vernunft wird Unsinn, Wohltat Plage«, wie es der Dichter beklagt. Das erstarkte Ich des Erwachsenen fährt fort, sich gegen Gefahren zu verteidigen, die in der Realität nicht mehr bestehen, ja es findet sich gedrängt, jene Situationen der Realität herauszusuchen, die die ursprüngliche Gefahr ungefähr ersetzen können, um sein Festhalten an den gewohnten Reaktionsweisen an ihnen rechtfertigen zu können. Somit wird es leicht verständlich, wie die Abwehrmechanismen durch immer weitergreifende Entfremdung von der Außenwelt und dauernde Schwächung des Ichs den Ausbruch der Neurose vorbereiten und begünstigen.

Unser Interesse ist aber gegenwärtig nicht auf die pathogene Rolle der Abwehrmechanismen gerichtet; wir wollen untersuchen, wie die ihnen entsprechende Ichveränderung unsere therapeutische Bemühung beeinflußt. Das Material zur Beantwortung dieser Frage ist in dem erwähnten Buch von Anna Freud gegeben. Das Wesentliche daran ist, daß der Analysierte diese Reaktionsweisen auch während der analytischen Arbeit wiederholt, uns gleichsam vor Augen führt; eigentlich kennen wir sie nur daher. Damit ist nicht gesagt, daß sie die Analyse unmöglich machen. Sie legen vielmehr die eine Hälfte unserer analytischen Aufgabe fest. Die andere, die in der Frühzeit der Analyse zuerst in Angriff genommen wurde, ist die Aufdeckung des im Es Verborgenen. Unsere therapeutische Bemühung pendelt während der Behandlung beständig von einem Stückchen Esanalyse zu einem Stückchen Ichanalyse. Im einen Fall wollen wir etwas vom Es bewußtmachen, im anderen etwas am Ich korrigieren. Die entscheidende Tatsache ist nämlich, daß die Abwehrmechanismen gegen einstige Gefahren in der Kur als *Widerstände* gegen die Heilung wiederkehren. Es läuft darauf hinaus,

daß die Heilung selbst vom Ich wie eine neue Gefahr behandelt wird.
Der therapeutische Effekt ist an die Bewußtmachung des im Es im weitesten Sinn Verdrängten gebunden; wir bereiten dieser Bewußtmachung den Weg durch Deutungen und Konstruktionen, aber wir haben nur für uns, nicht für den Analysierten gedeutet, solange das Ich an den früheren Abwehren festhält, die Widerstände nicht aufgibt. Nun sind diese Widerstände, obwohl dem Ich angehörig, doch unbewußt und in gewissem Sinne innerhalb des Ichs abgesondert. Der Analytiker erkennt sie leichter als das Verborgene im Es; es sollte hinreichen, sie wie Anteile des Es zu behandeln und durch Bewußtmachung mit dem übrigen Ich in Beziehung zu bringen. Auf diesem Weg wäre die eine Hälfte der analytischen Aufgabe zu erledigen; auf einen Widerstand gegen die Aufdeckung von Widerständen möchte man nicht rechnen. Es ereignet sich aber folgendes. Während der Arbeit an den Widerständen tritt das Ich – mehr oder weniger ernsthaft – aus dem Vertrag aus, auf dem die analytische Situation ruht. Das Ich unterstützt unsere Bemühung um die Aufdeckung des Es nicht mehr, es widersetzt sich ihr, hält die analytische Grundregel nicht ein, läßt keine weiteren Abkömmlinge des Verdrängten auftauchen. Eine starke Überzeugung von der heilenden Macht der Analyse kann man vom Patienten nicht erwarten; er mag ein Stück Vertrauen zum Analytiker mitgebracht haben, das durch die zu erweckenden Momente der positiven Übertragung zur Leistungsfähigkeit verstärkt wird. Unter dem Einfluß der Unlustregungen, die durch das neuerliche Abspielen der Abwehrkonflikte verspürt werden, können jetzt negative Übertragungen die Oberhand gewinnen und die analytische Situation völlig aufheben. Der Analytiker ist jetzt für den Patienten nur ein fremder Mensch, der unangenehme Zumutungen an ihn stellt, und er benimmt sich gegen ihn ganz wie das Kind, das den Fremden nicht mag und ihm nichts glaubt. Versucht der Analytiker, dem Patienten eine der in der Abwehr vorgenommenen Entstellungen aufzuzeigen und sie zu korrigieren, so findet er ihn verständnislos und unzugänglich für gute Argumente. So gibt es wirklich einen Widerstand gegen die Aufdeckung von Widerständen, und die Abwehrmechanismen verdienen wirklich den Namen, mit dem wir sie anfänglich bezeichnet haben,

Die endliche und die unendliche Analyse (VI)

ehe sie genauer erforscht wurden; es sind Widerstände nicht nur gegen die Bewußtmachung der Es-Inhalte, sondern auch gegen die Analyse überhaupt und somit gegen die Heilung. Die Wirkung der Abwehren im Ich können wir wohl als »Ichveränderung« bezeichnen, wenn wir darunter den Abstand von einem fiktiven Normal-Ich verstehen, das der analytischen Arbeit unerschütterliche Bündnistreue zusichert. Es ist nun leicht zu glauben, was die tägliche Erfahrung zeigt, daß es wesentlich davon abhängt, wie stark und wie tief eingewurzelt diese Widerstände der Ichveränderung sind, wo es sich um den Ausgang einer analytischen Kur handelt. Wieder tritt uns hier die Bedeutung des quantitativen Faktors entgegen, wieder werden wir daran gemahnt, daß die Analyse nur bestimmte und begrenzte Mengen von Energien aufwenden kann, die sich mit den feindlichen Kräften zu messen haben. Und als ob der Sieg wirklich meist bei den stärkeren Bataillonen wäre.

VI

Die nächste Frage wird lauten, ob alle Ichveränderung – in unserem Sinne – während der Abwehrkämpfe der Frühzeit erworben wird. Die Antwort kann nicht zweifelhaft sein. Es besteht kein Grund, die Existenz und Bedeutung ursprünglicher, mitgeborener Ichverschiedenheiten zu bestreiten. Schon die eine Tatsache ist entscheidend, daß jede Person ihre Auswahl unter den möglichen Abwehrmechanismen trifft, immer nur einige und dann stets dieselben verwendet. Das deutet darauf hin, daß das einzelne Ich von vornherein mit individuellen Dispositionen und Tendenzen ausgestattet ist, deren Art und Bedingtheit wir nun freilich nicht angeben können. Außerdem wissen wir, daß wir den Unterschied zwischen erebten und erworbenen Eigenschaften nicht zu einem Gegensatz überspannen dürfen; unter dem Ererbten ist, was die Vorfahren erworben haben, gewiß ein wichtiger Anteil. Wenn wir von »archaischer Erbschaft« sprechen, denken wir gewöhnlich nur an das Es und scheinen anzunehmen, daß ein Ich am Beginn des Eigenlebens noch nicht vorhanden ist. Aber wir wollen nicht übersehen, daß Es und Ich ursprünglich eins sind, und es bedeutet noch keine mystische Überschätzung der Erblichkeit, wenn wir für glaubwürdig halten, daß dem noch nicht existierenden Ich bereits festgelegt ist, welche Entwicklungsrichtungen, Tendenzen und Reaktionen es späterhin zum Vorschein bringen wird. Die psychologischen Besonderheiten von Familien, Rassen und Nationen auch in ihrem Verhalten gegen die Analyse lassen keine andere Erklärung zu. Ja noch mehr, die analytische Erfahrung hat uns die Überzeugung aufgedrängt, daß selbst bestimmte psychische Inhalte wie die Symbolik keine anderen Quellen haben als die erbliche Übertragung, und in verschiedenen völkerpsychologischen Untersuchungen wird uns nahegelegt, noch andere, ebenso spezialisierte Niederschläge frühmenschlicher Entwicklung in der archaischen Erbschaft vorauszusetzen.

Mit der Einsicht, daß die Eigenheiten des Ichs, die wir als Widerstände zu spüren bekommen, ebensowohl hereditär bedingt als in Abwehrkämpfen erworben sein können, hat die topische Unterscheidung, ob Ich, ob Es, viel von ihrem Wert für unsere Untersuchung eingebüßt. Ein weiterer Schritt in unserer analytischen Erfahrung führt uns zu Widerständen anderer Art, die wir nicht mehr lokalisieren können und die von fundamentalen Verhältnissen im seelischen Apparat abzuhängen scheinen. Ich kann nur einige Proben dieser Gattung aufführen, das ganze Gebiet ist noch verwirrend fremd, ungenügend erforscht. Man trifft z. B. auf Personen, denen man eine besondere »Klebrigkeit der Libido« zuschreiben möchte. Die Prozesse, die die Kur bei ihnen einleitet, verlaufen so viel langsamer als bei anderen, weil sie sich, wie es scheint, nicht entschließen können, Libidobesetzungen von einem Objekt abzulösen und auf ein neues zu verschieben, obwohl besondere Gründe für solche Besetzungstreue nicht zu finden sind. Man begegnet auch dem entgegengesetzten Typus, bei dem die Libido besonders leicht beweglich erscheint, rasch auf die von der Analyse vorgeschlagenen Neubesetzungen eingeht und die früheren für sie aufgibt. Es ist ein Unterschied, wie ihn der bildende Künstler verspüren mag, ob er in hartem Stein oder in weichem Ton arbeitet. Leider zeigen sich die analytischen Resultate bei diesem zweiten Typus oft als sehr hinfällig; die neuen Besetzungen werden bald wieder verlassen, man bekommt den Eindruck, als habe man nicht in Ton gearbeitet, sondern

Die endliche und die unendliche Analyse (VI)

in Wasser geschrieben. Die Warnung »Wie gewonnen, so zerronnen« behält hier recht.

Bei einer anderen Gruppe von Fällen wird man durch ein Verhalten überrascht, das man nur auf eine Erschöpfung der sonst zu erwartenden Plastizität, der Fähigkeit zur Abänderung und Weiterentwicklung beziehen kann. Auf ein gewisses Maß von psychischer Trägheit sind wir in der Analyse wohl vorbereitet; wenn die analytische Arbeit der Triebregung neue Wege eröffnet hat, so beobachten wir fast regelmäßig, daß sie nicht ohne deutliche Verzögerung begangen werden. Wir haben dies Verhalten, vielleicht nicht ganz richtig, als »Widerstand vom Es« bezeichnet. Aber bei den Fällen, die hier gemeint sind, erweisen sich alle Abläufe, Beziehungen und Kraftverteilungen als unabänderlich, fixiert und erstarrt. Es ist so, wie man es bei sehr alten Leuten findet, durch die sogenannte Macht der Gewohnheit, die Erschöpfung der Aufnahmsfähigkeit, durch eine Art von psychischer Entropie erklärt; aber es handelt sich hier um noch jugendliche Individuen. Unsere theoretische Vorbereitung scheint unzureichend, um die so beschriebenen Typen richtig aufzufassen; es kommen wohl zeitliche Charaktere in Betracht, Abänderungen eines noch nicht gewürdigten Entwicklungsrhythmus im psychischen Leben.

Anders und noch tiefer begründet mögen die Ichverschiedenheiten sein, die in einer weiteren Gruppe von Fällen als Quellen des Widerstands gegen die analytische Kur und als Verhinderungen des therapeutischen Erfolgs zu beschuldigen sind. Hier handelt es sich um das letzte, was die psychologische Erforschung überhaupt zu erkennen vermag, das Verhalten der beiden Urtriebe, deren Verteilung, Vermengung und Entmischung, Dinge, die nicht auf eine einzige Provinz des seelischen Apparates, Es, Ich und Über-Ich, beschränkt vorzustellen sind. Es gibt keinen stärkeren Eindruck von den Widerständen während der analytischen Arbeit als den von einer Kraft, die sich mit allen Mitteln gegen die Genesung wehrt und durchaus an Krankheit und Leiden festhalten will. Einen Anteil dieser Kraft haben wir, sicherlich mit Recht, als Schuldbewußtsein und Strafbedürfnis agnosziert und im Verhältnis des Ichs zum Über-Ich lokalisiert. Aber das ist nur jener Anteil, der vom Über-Ich sozusagen psychisch gebunden ist und in solcher Weise kenntlich wird;

andere Beträge derselben Kraft mögen, unbestimmt wo, in gebundener oder freier Form, am Werke sein. Hält man sich das Bild in seiner Gesamtheit vor, zu dem sich die Erscheinungen des immanenten Masochismus so vieler Personen, der negativen therapeutischen Reaktion und des Schuldbewußtseins der Neurotiker zusammensetzen, so wird man nicht mehr dem Glauben anhängen können, daß das seelische Geschehen ausschließlich vom Luststreben beherrscht wird. Diese Phänomene sind unverkennbare Hinweise auf das Vorhandensein einer Macht im Seelenleben, die wir nach ihren Zielen Aggressions- oder Destruktionstrieb heißen und von dem ursprünglichen Todestrieb der belebten Materie ableiten. Ein Gegensatz einer optimistischen zu einer pessimistischen Lebenstheorie kommt nicht in Frage; nur das Zusammen- und Gegeneinanderwirken beider Urtriebe Eros und Todestrieb erklärt die Buntheit der Lebenserscheinungen, niemals einer von ihnen allein.

Wie Anteile der beiden Triebarten zur Durchsetzung der einzelnen Lebensfunktionen miteinander zusammentreten, unter welchen Bedingungen diese Vereinigungen sich lockern oder zerfallen, welche Störungen diesen Veränderungen entsprechen und mit welchen Empfindungen die Wahrnehmungsskala des Lustprinzips auf sie antwortet, das klarzustellen wäre die lohnendste Aufgabe der psychologischen Forschung. Vorläufig beugen wir uns vor der Übermacht der Gewalten, an der wir unsere Bemühungen scheitern sehen. Schon die psychische Beeinflussung des einfachen Masochismus stellt unser Können auf eine harte Probe.

Beim Studium der Phänomene, die die Betätigung des Destruktionstriebs erweisen, sind wir nicht auf Beobachtungen an pathologischem Material eingeschränkt. Zahlreiche Tatsachen des normalen Seelenlebens drängen nach einer solchen Erklärung, und je mehr unser Blick sich schärft, desto reichlicher werden sie uns auffallen. Es ist ein Thema, zu neu und zu wichtig, um es in dieser Erörterung wie beiläufig zu behandeln; ich werde mich damit bescheiden, einige wenige Proben herauszuheben. Die folgende als Beispiel:

Es ist bekannt, daß es zu allen Zeiten Menschen gegeben hat und noch gibt, die Personen des gleichen wie des anderen Geschlechts zu ihren Sexualobjekten nehmen können, ohne daß die eine Richtung die andere beeinträchtigt. Wir heißen diese Leute Bisexuelle, neh-

Die endliche und die unendliche Analyse (VI)

men ihre Existenz hin, ohne uns viel darüber zu verwundern. Wir haben aber gelernt, daß alle Menschen in diesem Sinne bisexuell sind, ihre Libido entweder in manifester oder in latenter Weise auf Objekte beider Geschlechter verteilen. Nur fällt uns folgendes dabei auf. Während im ersten Falle die beiden Richtungen sich ohne Anstoß miteinander vertragen haben, befinden sie sich im anderen und häufigeren Falle im Zustand eines unversöhnlichen Konflikts. Die Heterosexualität eines Mannes duldet keine Homosexualität, und ebenso ist es umgekehrt. Ist die erstere die stärkere, so gelingt es ihr, die letztere latent zu erhalten und von der Realbefriedigung abzudrängen; andererseits gibt es keine größere Gefahr für die heterosexuelle Funktion eines Mannes als die Störung durch die latente Homosexualität. Man könnte die Erklärung versuchen, daß eben nur ein bestimmter Betrag von Libido verfügbar ist, um den die beiden miteinander rivalisierenden Richtungen ringen müssen. Allein man sieht nicht ein, warum die Rivalen nicht regelmäßig den verfügbaren Betrag der Libido je nach ihrer relativen Stärke unter sich aufteilen, wenn sie es doch in manchen Fällen tun können. Man bekommt durchaus den Eindruck, als sei die Neigung zum Konflikt etwas Besonderes, was neu zur Situation hinzukommt, unabhängig von der Quantität der Libido. Eine solche unabhängig auftretende Konfliktneigung wird man kaum auf anderes zurückführen können als auf das Eingreifen eines Stückes von freier Aggression.

Wenn man den hier erörterten Fall als Äußerung des Destruktions- oder Aggressionstriebs anerkennt, so erhebt sich sofort die Frage, ob man nicht dieselbe Auffassung auf andere Beispiele von Konflikt ausdehnen, ja ob man nicht überhaupt all unser Wissen vom psychischen Konflikt unter diesem neuen Gesichtspunkt revidieren soll. Wir nehmen doch an, daß auf dem Weg der Entwicklung vom Primitiven zum Kulturmenschen eine sehr erhebliche Verinnerlichung, Einwärtswendung der Aggression stattfindet, und für die Außenkämpfe, die dann unterbleiben, wären die inneren Konflikte sicherlich das richtige Äquivalent. Es ist mir wohlbekannt, daß die dualistische Theorie, die einen Todes-, Destruktions- oder Aggressionstrieb als gleichberechtigten Partner neben den in der Libido sich kundgebenden Eros hinstellen will, im allgemeinen wenig Anklang gefunden und sich auch unter Psychoanalytikern nicht eigentlich durchgesetzt hat. Um so mehr mußte es mich erfreuen, als ich unlängst unsere Theorie bei einem der großen Denker der griechischen Frühzeit wiederfand. Ich opfere dieser Bestätigung gern das Prestige der Originalität, zumal da ich bei dem Umfang meiner Lektüre in früheren Jahren doch nie sicher werden kann, ob meine angebliche Neuschöpfung nicht eine Leistung der Kryptomnesie war.

Empedokles aus Akragas (Girgenti)[1], etwa 495 a. Chr. geboren, er scheint als eine der großartigsten und merkwürdigsten Gestalten der griechischen Kulturgeschichte. Seine vielseitige Persönlichkeit betätigte sich in den verschiedensten Richtungen; er war Forscher und Denker, Prophet und Magier, Politiker, Menschenfreund und naturkundiger Arzt; er soll die Stadt Selinunt von der Malaria befreit haben, von seinen Zeitgenossen wurde er wie ein Gott verehrt. Sein Geist scheint die schärfsten Gegensätze in sich vereinigt zu haben; exakt und nüchtern in seinen physikalischen und physiologischen Forschungen, scheut er doch vor dunkler Mystik nicht zurück, baut kosmische Spekulation auf von erstaunlich phantastischer Kühnheit. Capelle vergleicht ihn dem Dr. Faust, »dem gar manch Geheimnis wurde kund«. Zu einer Zeit entstanden, da das Reich des Wissens noch nicht in so viele Provinzen zerfiel, müssen manche seiner Lehren uns primitiv anmuten. Er erklärte die Verschiedenheiten der Dinge durch Mischungen der vier Elemente, Erde, Wasser, Feuer und Luft, glaubte an die Allbelebtheit der Natur und an die Seelenwanderung, aber auch so moderne Ideen wie die stufenweise Entwicklung der Lebewesen, das Überbleiben des Tauglichsten und die Anerkennung der Rolle des Zufalls ($\tau\acute{\upsilon}\chi\eta$) bei dieser Entwicklung gehen in sein Lehrgebäude ein.

Unser Interesse gebührt aber jener Lehre des Empedokles, die der psychoanalytischen Triebtheorie so nahe kommt, daß man versucht wird zu behaupten, die beiden wären identisch, bestünde nicht der Unterschied, daß die des Griechen eine kosmische Phantasie ist, während unsere sich mit dem Anspruch auf biologische Geltung bescheidet. Der Umstand freilich, daß Empedokles dem Weltall die-

---

[1] Das Folgende nach Wilhelm Capelle: Die Vorsokratiker, Alfred Kröner, Leipzig, 1935.

Die endliche und die unendliche Analyse (VI)

selbe Beseelung zuspricht wie dem einzelnen Lebewesen, entzieht dieser Differenz ein großes Stück ihrer Bedeutung.
Der Philosoph lehrt also, daß es zwei Prinzipien des Geschehens im weltlichen wie im seelischen Leben gibt, die in ewigem Kampf miteinander liegen. Er nennt sie φιλία – *Liebe* – und νεῖκος – *Streit*. Die eine dieser Mächte, die für ihn im Grunde »triebhaft wirkende Naturkräfte, durchaus keine zweckbewußten Intelligenzen«[1] sind, strebt darnach, die Ur-Teilchen der vier Elemente zu einer Einheit zusammenzuballen, die andere im Gegenteil will all diese Mischungen rückgängig machen und die Ur-Teilchen der Elemente voneinander sondern. Den Weltprozeß denkt er sich als fortgesetzte, niemals aufhörende Abwechslung von Perioden, in denen die eine oder die andere der beiden Grundkräfte den Sieg davonträgt, so daß einmal die Liebe, das nächste Mal der Streit seine Absicht voll durchsetzt und die Welt beherrscht, worauf der andere, unterlegene Teil einsetzt und nun seinerseits den Partner niederringt.
Die beiden Grundprinzipien des Empedokles – φιλία und νεῖκος – sind dem Namen wie der Funktion nach das gleiche wie unsere beiden Urtriebe *Eros* und *Destruktion*, der eine bemüht, das Vorhandene zu immer größeren Einheiten zusammenzufassen, der andere, diese Vereinigungen aufzulösen und die durch sie entstandenen Gebilde zu zerstören. Wir werden uns aber auch nicht verwundern, daß diese Theorie in manchen Zügen verändert ist, wenn sie nach zweiundeinhalb Jahrtausenden wieder auftaucht. Von der Einschränkung auf das Biopsychische abgesehen, die uns auferlegt ist, unsere Grundstoffe sind nicht mehr die vier Elemente des Empedokles, das Leben hat sich für uns scharf vom Unbelebten gesondert, wir denken nicht mehr an Vermengung und Trennung von Stoffteilchen, sondern an Verlötung und Entmischung von Triebkomponenten. Auch haben wir das Prinzip des »Streites« gewissermaßen biologisch unterbaut, indem wir unseren Destruktionstrieb auf den Todestrieb zurückführten, den Drang des Lebenden, zum Leblosen zurückzukehren. Das will nicht in Abrede stellen, daß ein analoger Trieb schon vorher bestanden hat, und natürlich nicht behaupten,

---
1 L. c., S. 186.

daß ein solcher Trieb erst mit dem Erscheinen des Lebens entstanden ist. Und niemand kann vorhersehen, in welcher Einkleidung der Wahrheitskern in der Lehre des Empedokles sich späterer Einsicht zeigen wird.

VII

Ein inhaltreicher Vortrag, den S. Ferenczi 1927 gehalten, »Das Problem der Beendigung der Analysen«[1], schließt mit der tröstlichen Versicherung, »daß die Analyse kein endloser Prozeß ist, sondern bei entsprechender Sachkenntnis und Geduld des Analytikers zu einem natürlichen Abschluß gebracht werden kann«. Ich meine, im ganzen kommt dieser Aufsatz doch einer Mahnung gleich, sich nicht die Abkürzung, sondern die Vertiefung der Analyse zum Ziel zu setzen. Ferenczi fügt noch die wertvolle Bemerkung an, es sei so sehr entscheidend für den Erfolg, daß der Analytiker aus seinen eigenen »Irrungen und Irrtümern« genügend gelernt und die »schwachen Punkte der eigenen Persönlichkeit« in seine Gewalt bekommen habe. Das ergibt eine wichtige Ergänzung zu unserem Thema. Nicht nur die Ichbeschaffenheit des Patienten, auch die Eigenart des Analytikers fordert ihre Stelle unter den Momenten, die die Aussichten der analytischen Kur beeinflussen und dieselbe nach Art der Widerstände erschweren.

Es ist unbestreitbar, daß die Analytiker in ihrer eigenen Persönlichkeit nicht durchwegs das Maß von psychischer Normalität erreicht haben, zu dem sie ihre Patienten erziehen wollen. Gegner der Analyse pflegen auf diese Tatsache höhnend hinzuweisen und sie als Argument für die Nutzlosigkeit der analytischen Bemühung zu verwerten. Man könnte diese Kritik als ungerechte Anforderung zurückweisen. Analytiker sind Personen, die eine bestimmte Kunst auszuüben gelernt haben und daneben Menschen sein dürfen wie auch andere. Man behauptet doch sonst nicht, daß jemand zum Arzt für interne Krankheiten nicht taugt, wenn seine internen Organe nicht gesund sind; man kann im Gegenteil gewisse Vorteile

---

[1] Internationale Zeitschrift für Psychoanalyse, Bd. XIV, 1928.

Die endliche und die unendliche Analyse (VII)

dabei finden, wenn ein selbst von Tuberkulose Bedrohter sich in der Behandlung von Tuberkulösen spezialisiert. Aber die Fälle liegen doch nicht gleich. Der lungen- oder herzkranke Arzt wird, insoweit er überhaupt leistungsfähig geblieben ist, durch sein Kranksein weder in der Diagnostik noch in der Therapie interner Leiden behindert sein, während der Analytiker infolge der besonderen Bedingungen der analytischen Arbeit durch seine eigenen Defekte wirklich darin gestört wird, die Verhältnisse des Patienten richtig zu erfassen und in zweckdienlicher Weise auf sie zu reagieren. Es hat also seinen guten Sinn, wenn man vom Analytiker als Teil seines Befähigungsnachweises ein höheres Maß von seelischer Normalität und Korrektheit fordert; dazu kommt noch, daß er auch eine gewisse Überlegenheit benötigt, um auf den Patienten in gewissen analytischen Situationen als Vorbild, in anderen als Lehrer zu wirken. Und endlich ist nicht zu vergessen, daß die analytische Beziehung auf Wahrheitsliebe, d.h. auf die Anerkennung der Realität gegründet ist und jeden Schein und Trug ausschließt.

Machen wir einen Moment halt, um den Analytiker unserer aufrichtigen Anteilnahme zu versichern, daß er bei Ausübung seiner Tätigkeit so schwere Anforderungen erfüllen soll. Es hat doch beinahe den Anschein, als wäre das Analysieren der dritte jener »unmöglichen« Berufe, in denen man des ungenügenden Erfolgs von vornherein sicher sein kann. Die beiden anderen, weit länger bekannten, sind das Erziehen und das Regieren. Daß der zukünftige Analytiker ein vollkommener Mensch sei, ehe er sich mit der Analyse beschäftigt hat, also daß nur Personen von so hoher und so seltener Vollendung sich diesem Beruf zuwenden, kann man offenbar nicht verlangen. Wo und wie soll aber der Ärmste sich jene ideale Eignung erwerben, die er in seinem Berufe brauchen wird? Die Antwort wird lauten: in der Eigenanalyse, mit der seine Vorbereitung für seine zukünftige Tätigkeit beginnt. Aus praktischen Gründen kann diese nur kurz und unvollständig sein, ihr hauptsächlicher Zweck ist, dem Lehrer ein Urteil zu ermöglichen, ob der Kandidat zur weiteren Ausbildung zugelassen werden kann. Ihre Leistung ist erfüllt, wenn sie dem Lehrling die sichere Überzeugung von der Existenz des Unbewußten bringt, ihm die sonst unglaubwürdigen Selbst-

Zur Dynamik der Übertragung

wahrnehmungen beim Auftauchen des Verdrängten vermittelt und ihm an einer ersten Probe die Technik zeigt, die sich in der analytischen Tätigkeit allein bewährt hat. Dies allein würde als Unterweisung nicht ausreichen, allein man rechnet darauf, daß die in der Eigenanalyse erhaltenen Anregungen mit deren Aufhören nicht zu Ende kommen, daß die Prozesse der Ichumarbeitung sich spontan beim Analysierten fortsetzen und alle weiteren Erfahrungen in dem neu erworbenen Sinn verwendet werden. Das geschieht auch wirklich, und soweit es geschieht, macht es den Analysierten tauglich zum Analytiker.

Es ist bedauerlich, daß außerdem noch anderes geschieht. Man bleibt auf Eindrücke angewiesen, wenn man dies beschreiben will; Feindseligkeit auf der einen, Parteilichkeit auf der anderen Seite schaffen eine Atmosphäre, die der objektiven Erforschung nicht günstig ist. Es scheint also, daß zahlreiche Analytiker es erlernen, Abwehrmechanismen anzuwenden, die ihnen gestatten, Folgerungen und Forderungen der Analyse von der eigenen Person abzulenken, wahrscheinlich indem sie sie gegen andere richten, so daß sie selbst bleiben, wie sie sind, und sich dem kritisierenden und korrigierenden Einfluß der Analyse entziehen können. Es mag sein, daß dieser Vorgang dem Dichter recht gibt, der uns mahnt, wenn einem Menschen Macht verliehen wird, falle es ihm schwer, sie nicht zu mißbrauchen.[1] Mitunter drängt sich dem um ein Verständnis Bemühten die unliebsame Analogie mit der Wirkung der Röntgenstrahlen auf, wenn man ohne besondere Vorsichten mit ihnen hantiert. Es wäre nicht zu verwundern, wenn durch die unausgesetzte Beschäftigung mit all dem Verdrängten, was in der menschlichen Seele nach Befreiung ringt, auch beim Analytiker all jene Triebansprüche wachgerüttelt würden, die er sonst in der Unterdrückung erhalten kann. Auch dies sind »Gefahren der Analyse«, die zwar nicht dem passiven, sondern dem aktiven Partner der analytischen Situation drohen, und man sollte es nicht unterlassen, ihnen zu begegnen. Es kann nicht zweifelhaft sein, auf welche Weise. Jeder Analytiker sollte periodisch, etwa nach Verlauf von fünf Jahren, sich wieder zum Objekt der Analyse machen, ohne sich dieses

---

1 Anatole France: La révolte des anges.

Schrittes zu schämen. Das hieße also, auch die Eigenanalyse würde aus einer endlichen eine unendliche Aufgabe, nicht nur die therapeutische Analyse am Kranken.
Indes hier ist es an der Zeit, ein Mißverständnis abzuwehren. Ich habe nicht die Absicht zu behaupten, daß die Analyse überhaupt eine Arbeit ohne Abschluß ist. Wie immer man sich theoretisch zu dieser Frage stellen mag, die Beendigung einer Analyse ist, meine ich, eine Angelegenheit der Praxis. Jeder erfahrene Analytiker wird sich an eine Reihe von Fällen erinnern können, in denen er *rebus bene gestis* vom Patienten dauernden Abschied genommen hat. Weit weniger entfernt sich die Praxis von der Theorie in Fällen der sogenannten Charakteranalyse. Hier wird man nicht leicht ein natürliches Ende voraussehen können, auch wenn man sich von übertriebenen Erwartungen fernehält und der Analyse keine extremen Aufgaben stellt. Man wird sich nicht zum Ziel setzen, alle menschlichen Eigenarten zugunsten einer schematischen Normalität abzuschleifen oder gar zu fordern, daß der »gründlich Analysierte« keine Leidenschaften verspüren und keine inneren Konflikte entwickeln dürfe. Die Analyse soll die für die Ichfunktionen günstigsten psychologischen Bedingungen herstellen; damit wäre ihre Aufgabe erledigt.

VIII

In therapeutischen ebenso wie in Charakteranalysen wird man auf die Tatsache aufmerksam, daß zwei Themen sich besonders hervortun und dem Analytiker ungewöhnlich viel zu schaffen machen. Man kann das Gesetzmäßige, das sich darin äußert, nicht lange verkennen. Die beiden Themen sind an die Differenz der Geschlechter gebunden; das eine ist ebenso charakteristisch für den Mann wie das andere für das Weib. Trotz der Verschiedenheit des Inhalts sind es offenbare Entsprechungen. Etwas, das beiden Geschlechtern gemeinsam ist, ist durch den Geschlechtsunterschied in eine andere Ausdrucksform gepreßt worden.
Die beiden einander entsprechenden Themen sind für das Weib der *Penisneid* – das positive Streben nach dem Besitz eines männlichen

Zur Dynamik der Übertragung

Genitales –, für den Mann das Sträuben gegen seine passive oder feminine Einstellung zum anderen Mann. Das Gemeinsame hat die psychoanalytische Nomenklatur frühzeitig als Verhalten zum Kastrationskomplex herausgehoben, Alfred Adler hat später die für den Mann voll zutreffende Bezeichnung »männlicher Protest« in Gebrauch gebracht; ich meine, »Ablehnung der Weiblichkeit« wäre vom Anfang an die richtige Beschreibung dieses so merkwürdigen Stückes des menschlichen Seelenlebens gewesen.

Beim Versuch einer Einfügung in unser theoretisches Lehrgebäude darf man nicht übersehen, daß dieser Faktor seiner Natur nach nicht die gleiche Unterbringung bei beiden Geschlechtern finden kann. Beim Mann ist das Männlichkeitsstreben von Anfang an und durchaus ichgerecht; die passive Einstellung wird, da sie die Annahme der Kastration voraussetzt, energisch verdrängt, und oftmals weisen nur exzessive Überkompensationen auf ihr Vorhandensein hin. Auch beim Weib ist das Streben nach Männlichkeit zu einer gewissen Zeit ichgerecht, nämlich in der phallischen Phase, vor der Entwicklung zur Femininität. Dann aber unterliegt es jenem bedeutsamen Verdrängungsprozeß, von dessen Ausgang, wie oft dargestellt, die Schicksale der Weiblichkeit abhängig sind. Sehr viel wird darauf ankommen, ob genug vom Männlichkeitskomplex sich der Verdrängung entzieht und den Charakter dauernd beeinflußt; große Anteile des Komplexes werden normalerweise umgewandelt, um zum Aufbau der Weiblichkeit beizutragen; aus dem ungestillten Wunsch nach dem Penis soll der Wunsch nach dem Kind und nach dem Manne werden, der den Penis trägt. Ungewöhnlich oft aber werden wir finden, daß der Männlichkeitswunsch im Unbewußten erhalten geblieben ist und von der Verdrängung her seine störenden Wirkungen entfaltet.

Wie man aus dem Vorstehenden ersieht, ist es in beiden Fällen das Gegengeschlechtliche, das der Verdrängung verfällt. Ich habe bereits an anderer Stelle erwähnt[1], daß mir dieser Gesichtspunkt seinerzeit von Wilhelm Fließ vorgetragen wurde, der geneigt war, den Gegensatz der Geschlechter für den eigentlichen Anlaß und das Urmotiv der Verdrängung zu erklären. Ich wiederhole nur meinen da-

---

[1] »Ein Kind wird geschlagen«, Ges. Werke, Bd. XII, S. 222.

Die endliche und die unendliche Analyse (VIII)

maligen Widerspruch, wenn ich es ablehne, die Verdrängung in solcher Art zu sexualisieren, also sie biologisch anstatt nur psychologisch zu begründen.

Die hervorragende Bedeutung dieser beiden Themen – des Peniswunsches beim Weibe und des Sträubens gegen die passive Einstellung beim Manne – ist der Aufmerksamkeit Ferenczis nicht entgangen. In seinem 1927 gehaltenen Vortrag stellt er die Forderung auf, daß jede erfolgreiche Analyse diese beiden Komplexe bewältigt haben müßte.[1] Ich möchte aus eigener Erfahrung hinzufügen, daß ich Ferenczi hier besonders anspruchsvoll finde. Zu keiner Zeit der analytischen Arbeit leidet man mehr unter dem bedrückenden Gefühl erfolglos wiederholter Anstrengung, unter dem Verdacht, daß man »Fischpredigten« abhält, als wenn man die Frauen bewegen will, ihren Peniswunsch als undurchsetzbar aufzugeben, und wenn man die Männer überzeugen möchte, daß eine passive Einstellung zum Mann nicht immer die Bedeutung einer Kastration hat und in vielen Lebensbeziehungen unerläßlich ist. Aus der trotzigen Überkompensation des Mannes leitet sich einer der stärksten Übertragungswiderstände ab. Der Mann will sich einem Vaterersatz nicht unterwerfen, will ihm nicht zu Dank verpflichtet sein, will also auch vom Arzt die Heilung nicht annehmen. Eine analoge Übertragung kann sich aus dem Peniswunsch des Weibes nicht herstellen, dagegen stammen aus dieser Quelle Ausbrüche von schwerer Depression um die innere Sicherheit, daß die analytische Kur nichts nützen wird und daß der Kranken nicht geholfen werden kann. Man wird ihr nicht unrecht geben, wenn man erfährt, daß die Hoffnung, das schmerzlich vermißte männliche Organ doch noch zu bekommen, das stärkste Motiv war, das sie in die Kur gedrängt hat.

Man lernt aber auch daraus, daß es nicht wichtig ist, in welcher

---

[1] »...jeder männliche Patient muß dem Arzt gegenüber als Zeichen der Überwindung der Kastrationsangst ein Gefühl der Gleichberechtigung erlangen; alle weiblichen Kranken müssen, soll ihre Neurose als eine vollständig erledigte gelten, mit ihrem Männlichkeitskomplex fertig werden und sich ohne Ranküne den Denkmöglichkeiten der weiblichen Rolle hingeben.« (L. c., S. 8.)

Form der Widerstand auftritt, ob als Übertragung oder nicht. Entscheidend bleibt, daß der Widerstand keine Änderung zustande kommen läßt, daß alles so bleibt, wie es ist. Man hat oft den Eindruck, mit dem Peniswunsch und dem männlichen Protest sei man durch alle psychologische Schichtung hindurch zum »gewachsenen Fels« durchgedrungen und so am Ende seiner Tätigkeit. Das muß wohl so sein, denn für das Psychische spielt das Biologische wirklich die Rolle des unterliegenden gewachsenen Felsens. Die Ablehnung der Weiblichkeit kann ja nichts anderes sein als eine biologische Tatsache, ein Stück jenes großen Rätsels der Geschlechtlichkeit.[1] Ob und wann es uns in einer analytischen Kur gelungen ist, diesen Faktor zu bewältigen, wird schwer zu sagen sein. Wir trösten uns mit der Sicherheit, daß wir dem Analysierten jede mögliche Anregung geboten haben, seine Einstellung zu ihm zu überprüfen und zu ändern.

---

1 Man darf sich durch die Bezeichnung »männlicher Protest« nicht zur Annahme verleiten lassen, die Ablehnung des Mannes gelte der passiven Einstellung, dem sozusagen sozialen Aspekt der Femininität. Dem widerspricht die leicht zu bestätigende Beobachtung, daß solche Männer häufig ein masochistisches Verhalten gegen das Weib, gradezu eine Hörigkeit zur Schau tragen. Der Mann wehrt sich nur gegen die Passivität im Verhältnis zum Mann, nicht gegen die Passivität überhaupt. Mit anderen Worten, der »männliche Protest« ist in der Tat nichts anderes als Kastrationsangst.

ANHANG

EDITORISCH-BIBLIOGRAPHISCHE NOTIZ

Die Handhabung der Traumdeutung in der Psychoanalyse

Erstveröffentlichung:
1911 *Zentralblatt für Psychoanalyse*, Bd. 2, Heft 3, S. 109–113.

Abdrucke in deutschen Werkausgaben:
1925 In: Sigmund Freud, *Gesammelte Schriften* (12 Bände), Internationaler Psychoanalytischer Verlag, Leipzig, Wien, Zürich 1924–34, Bd. 6, S. 45–52.
1945 In: Sigmund Freud, *Gesammelte Werke* (18 Bände und ein Nachtragsband), Imago Publishing Co., Ltd., London 1940–52, und S. Fischer Verlag, Frankfurt am Main 1968, 1987, Bd. 8, S. 350–357.
1975 In: Sigmund Freud, *Studienausgabe* (10 Bände und ein Ergänzungsband), S. Fischer Verlag, Frankfurt am Main 1969–75, Erg., S. 149, 151–156.

Zur Dynamik der Übertragung

Erstveröffentlichung:
1912 *Zentralblatt für Psychoanalyse*, Bd. 2, Heft 4, S. 167–173.

Abdrucke in deutschen Werkausgaben:
1925 In: Sigmund Freud, *Gesammelte Schriften* (12 Bände), Internationaler Psychoanalytischer Verlag, Leipzig, Wien, Zürich 1924-34, Bd. 6, S. 53–63.
1945 In: Sigmund Freud, *Gesammelte Werke* (18 Bände und ein Nachtragsband), Imago Publishing Co., Ltd., London 1940–52, und S. Fischer Verlag, Frankfurt am Main 1968, 1987, Bd. 8, S. 364–374.
1975 In: Sigmund Freud, *Studienausgabe* (10 Bände und ein Ergänzungsband), S. Fischer Verlag, Frankfurt am Main 1969–75, Erg., S. 157, 159–168.

Anhang

Ratschläge für den Arzt
bei der psychoanalytischen Behandlung

Erstveröffentlichung:
1912   Zentralblatt für Psychoanalyse, Bd. 2, Heft 9, S. 483–489.

Abdrucke in deutschen Werkausgaben:
1925   In: Sigmund Freud, *Gesammelte Schriften* (12 Bände), Internationaler Psychoanalytischer Verlag, Leipzig, Wien, Zürich 1924–34, Bd. 6, S. 64–75.
1945   In: Sigmund Freud, *Gesammelte Werke* (18 Bände und ein Nachtragsband), Imago Publishing Co., Ltd., London 1940–52, und S. Fischer Verlag, Frankfurt am Main 1968, 1987, Bd. 8, S. 376–387.
1975   In: Sigmund Freud, *Studienausgabe* (10 Bände und ein Ergänzungsband), S. Fischer Verlag, Frankfurt am Main 1969–75, Erg., S. 169, 171–180.

Zur Einleitung der Behandlung
Weitere Ratschläge zur Technik der Psychoanalyse, I

Erstveröffentlichung:
1913   Erste Folge, die mit den Worten »mit welchem Materiale soll man die Behandlung beginnen?« endete, unter dem Titel ›Weitere Ratschläge zur Technik der Psychoanalyse: I. Zur Einleitung der Behandlung‹ in: *Internationale Zeitschrift für ärztliche Psychoanalyse*, Bd. 1, Heft 1, S. 1–10; zweite Folge unter dem gleichen Titel, ergänzt durch die Angabe ›– Die Frage der ersten Mitteilungen – Die Dynamik der Heilung‹ in: ibid., Heft 2, S. 139–146.

Abdrucke in deutschen Werkausgaben:
1925   Unter dem Kurztitel ›Zur Einleitung der Behandlung‹ in: Sigmund Freud, *Gesammelte Schriften* (12 Bände), Internationaler Psychoanalytischer Verlag, Leipzig, Wien, Zürich 1924–34, Bd. 6, S. 84–108.
1945   Unter dem gleichen Kurztitel in: Sigmund Freud, *Gesammelte Werke* (18 Bände und ein Nachtragsband), Imago Publishing Co., Ltd., London 1940–52, und S. Fischer Verlag, Frankfurt am Main 1968, 1987, Bd. 8, S. 454–478.
1975   Mit dem Kurztitel als Hauptüberschrift in: Sigmund Freud, *Studienausgabe* (10 Bände und ein Ergänzungsband), S. Fischer Verlag, Frankfurt am Main 1969–75, Erg., S. 181, 183–203.

Editorisch-bibliographische Notiz

Erinnern, Wiederholen und Durcharbeiten
Weitere Ratschläge zur Technik der Psychoanalyse, II

Erstveröffentlichung:
1914 Unter dem Titel ›Weitere Ratschläge zur Technik der Psychoanalyse (II): Erinnern, Wiederholen und Durcharbeiten‹ in: *Internationale Zeitschrift für ärztliche Psychoanalyse*, Bd. 2, Heft 6, S. 485–491.

Abdrucke in deutschen Werkausgaben:
1925 Unter dem Kurztitel ›Erinnern, Wiederholen und Durcharbeiten‹ in: Sigmund Freud, *Gesammelte Schriften* (12 Bände), Internationaler Psychoanalytischer Verlag, Leipzig, Wien, Zürich 1924–34, Bd. 6, S. 109 bis 119.
1946 Unter dem gleichen Kurztitel in: Sigmund Freud, *Gesammelte Werke* (18 Bände und ein Nachtragsband), Imago Publishing Co., Ltd., London 1940–52, und S. Fischer Verlag, Frankfurt am Main 1968, 1987, Bd. 10, S. 126–136.
1975 Mit dem Kurztitel als Hauptüberschrift in: Sigmund Freud, *Studienausgabe* (10 Bände und ein Ergänzungsband), S. Fischer Verlag, Frankfurt am Main 1969–75, Erg., S. 205, 207–215.

Bemerkungen über die Übertragungsliebe
Weitere Ratschläge zur Technik der Psychoanalyse, III

Erstveröffentlichung:
1915 Unter dem Titel ›Weitere Ratschläge zur Technik der Psychoanalyse (III): Bemerkungen über die Übertragungsliebe‹ in: *Internationale Zeitschrift für ärztliche Psychoanalyse*, Bd. 3, Heft 1, S. 1–11.

Abdrucke in deutschen Werkausgaben:
1925 Unter dem Kurztitel ›Bemerkungen über die Übertragungsliebe‹ in: Sigmund Freud, *Gesammelte Schriften* (12 Bände), Internationaler Psychoanalytischer Verlag, Leipzig, Wien, Zürich 1924–34, Bd. 6, S. 120 bis 135.
1946 Unter dem gleichen Kurztitel in: Sigmund Freud, *Gesammelte Werke* (18 Bände und ein Nachtragsband), Imago Publishing Co., Ltd., London 1940–52, und S. Fischer Verlag, Frankfurt am Main 1968, 1987, Bd. 10, S. 306–321.
1975 Mit dem Kurztitel als Hauptüberschrift in: Sigmund Freud, *Studienausgabe* (10 Bände und ein Ergänzungsband), S. Fischer Verlag, Frankfurt am Main 1969–75, Erg., S. 217, 219–230.

Anhang

Konstruktionen in der Analyse

Erstveröffentlichung:
1937 *Internationale Zeitschrift für Psychoanalyse*, Bd. 23, Heft 4, S. 459 bis 469.

Abdrucke in deutschen Werkausgaben:
1950 In: Sigmund Freud, *Gesammelte Werke* (18 Bände und ein Nachtragsband), Imago Publishing Co., Ltd., London 1940–52, und S. Fischer Verlag, Frankfurt am Main 1968, 1987, Bd. 16, S. 43–56.
1975 In: Sigmund Freud, *Studienausgabe* (10 Bände und ein Ergänzungsband), S. Fischer Verlag, Frankfurt am Main 1969–75, Erg., S. 393, 395–406.

Die endliche und die unendliche Analyse

Erstveröffentlichung:
1937 *Internationale Zeitschrift für Psychoanalyse*, Bd. 23, Heft 2, S. 209 bis 240.

Abdrucke in deutschen Werkausgaben:
1950 In: Sigmund Freud, *Gesammelte Werke* (18 Bände und ein Nachtragsband), Imago Publishing Co., Ltd., London 1940–52, und S. Fischer Verlag, Frankfurt am Main 1968, 1987, Bd. 16, S. 59–99.
1975 In: Sigmund Freud, *Studienausgabe* (10 Bände und ein Ergänzungsband), S. Fischer Verlag, Frankfurt am Main 1969–75, Erg., S. 351, 357–392.

Die hier abgedruckten Freud-Texte sind aus den Bänden 8, 10 und 16 der *Gesammelten Werke* übernommen, wobei in Anlehnung an den Ergänzungsband der *Studienausgabe* stillschweigend einige Korrekturen vorgenommen wurden. Diese beziehen sich insbesondere auf Druckfehler, bibliographische Irrtümer, Schreibweise von Namen, Modernisierung von Orthographie und Interpunktion. Redaktionelle Zusätze stehen jeweils in eckigen Klammern.

SIGMUND FREUD
WERKE IM TASCHENBUCH

Herausgegeben von Ilse Grubrich-Simitis
Redigiert von Ingeborg Meyer-Palmedo

Die Sammlung präsentiert das Lebenswerk des Begründers der Psychoanalyse in seiner ganzen Vielfalt und Reichweite breiten Leserschichten. Durch großzügige Ausstattung eignet sie sich besonders zum Gebrauch in Schule und Universität. Zeitgenössische Wissenschaftler haben Begleittexte verfaßt; sie stellen Verbindungen zur neueren Forschung her, gelangen zu einer differenzierten Neubewertung des Freudschen Œuvres und beschreiben dessen Fortwirkung in einem weiten Spektrum der intellektuellen Moderne.

In systematischer Gliederung umfaßt die Sammlung:
- vier Bände mit Einführungen in die Psychoanalyse;
- vier Bände mit Monographien über seelische Schlüsselphänomene wie Traum, Fehlleistung, Witz;
- vier Bände mit Schriften über Sexualtheorie und über Metapsychologie;
- zwei Bände mit Schriften über Krankheitslehre und über Behandlungstechnik (erstmals als Taschenbuch-Einzelausgaben vorgelegt);
- fünf Bände mit Krankengeschichten;
- vier Bände mit kulturtheoretischen Schriften;
- drei Bände mit Schriften über Kunst und Künstler;
- zwei Bände mit voranalytischen Schriften (seit ihrer Erstveröffentlichung vor mehr als hundert Jahren erstmals wieder zugänglich gemacht).

EINFÜHRUNGEN:

Vorlesungen zur Einführung in die Psychoanalyse (Band 10432)
Biographisches Nachwort von Peter Gay

Neue Folge der Vorlesungen zur Einführung in die Psychoanalyse (Band 10433)
Biographisches Nachwort von Peter Gay

Anhang

Abriß der Psychoanalyse (Band 10434)
Einführende Darstellungen
Einleitung von F.-W. Eickhoff
  Abriß der Psychoanalyse
  Über Psychoanalyse
  Das Interesse an der Psychoanalyse
  Eine Schwierigkeit der Psychoanalyse
  Die Frage der Laienanalyse (inklusive Nachwort)

»Selbstdarstellung« (Band 10435)
Schriften zur Geschichte der Psychoanalyse
Herausgegeben und eingeleitet von Ilse Grubrich-Simitis
  »Selbstdarstellung« (inklusive Nachschrift)
  Jugendbriefe an Emil Fluß
  Curriculum vitae
  Bericht über meine mit Universitäts-Jubiläums-Reisestipendium unternommene Studienreise nach Paris und Berlin
  Autobiographische Notiz
  Zur Geschichte der psychoanalytischen Bewegung
  Kurzer Abriß der Psychoanalyse
  Die Widerstände gegen die Psychoanalyse

ÜBER SCHLÜSSELPHÄNOMENE – TRAUM, FEHLLEISTUNG, WITZ:

Die Traumdeutung (Band 10436)
Nachwort von Hermann Beland

Schriften über Träume und Traumdeutungen (Band 10437)
Einleitung von Hermann Beland
  Eine erfüllte Traumahnung
  Über den Traum
  Träume im Folklore
  Ein Traum als Beweismittel
  Märchenstoffe in Träumen
  Traum und Telepathie
  Einige Nachträge zum Ganzen der Traumdeutung
  Brief an Maxime Leroy über einen Traum des Cartesius
  Meine Berührung mit Josef Popper-Lynkeus

Zur Psychopathologie des Alltagslebens (Band 10438)
Über Vergessen, Versprechen, Vergreifen, Aberglaube und Irrtum
Einleitung von Riccardo Steiner

Sigmund Freud · Werke im Taschenbuch (Gesamtübersicht)

Der Witz und seine Beziehung zum Unbewußten / Der Humor (Band 10439)
Einleitung von Peter Gay

SEXUALTHEORIE UND METAPSYCHOLOGIE:

Drei Abhandlungen zur Sexualtheorie (Band 10440)
Einleitung von Reimut Reiche

Schriften über Liebe und Sexualität (Band 10441)
Einleitung von Reimut Reiche
  Über Deckerinnerungen
  Zur sexuellen Aufklärung der Kinder
  Über infantile Sexualtheorien
  Der Familienroman der Neurotiker
  Beiträge zur Psychologie des Liebeslebens
  Zwei Kinderlügen.
  Über Triebumsetzungen, insbesondere der Analerotik
  Die infantile Genitalorganisation
  Der Untergang des Ödipuskomplexes
  Einige psychische Folgen des anatomischen Geschlechtsunterschieds
  Über libidinöse Typen
  Über die weibliche Sexualität

Das Ich und das Es (Band 10442)
Metapsychologische Schriften
Einleitung von Alex Holder
  Formulierungen über die zwei Prinzipien des psychischen Geschehens
  Einige Bemerkungen über den Begriff des Unbewußten in der Psychoanalyse
  Zur Einführung des Narzißmus
  Triebe und Triebschicksale
  Die Verdrängung
  Das Unbewußte
  Metapsychologische Ergänzung zur Traumlehre
  Trauer und Melancholie
  Jenseits des Lustprinzips
  Das Ich und das Es
  Das ökonomische Problem des Masochismus
  Notiz über den »Wunderblock«
  Die Verneinung
  Fetischismus
  Die Ichspaltung im Abwehrvorgang

Hemmung, Symptom und Angst (Band 10443)
Einleitung von F.-W. Eickhoff

Anhang

KRANKHEITSLEHRE UND BEHANDLUNGSTECHNIK:

Schriften zur Krankheitslehre der Psychoanalyse (Band 10444)
Einleitung von Clemens de Boor
    Über die Berechtigung, von der Neurasthenie einen bestimmten Symptomenkomplex als »Angstneurose« abzutrennen
    Zur Ätiologie der Hysterie
    Die Sexualität in der Ätiologie der Neurosen
    Meine Ansichten über die Rolle der Sexualität in der Ätiologie der Neurosen
    Hysterische Phantasien und ihre Beziehung zur Bisexualität
    Charakter und Analerotik
    Allgemeines über den hysterischen Anfall
    Die psychogene Sehstörung in psychoanalytischer Auffassung
    Über neurotische Erkrankungstypen
    Die Disposition zur Zwangsneurose
    Mitteilung eines der psychoanalytischen Theorie widersprechenden Falles von Paranoia
    »Ein Kind wird geschlagen« (Beitrag zur Kenntnis der Entstehung sexueller Perversionen)
    Über die Psychogenese eines Falles von weiblicher Homosexualität
    Über einige neurotische Mechanismen bei Eifersucht, Paranoia und Homosexualität
    Neurose und Psychose
    Der Realitätsverlust bei Neurose und Psychose

Zur Dynamik der Übertragung (Band 10445)
Behandlungstechnische Schriften
Einleitung von Hermann Argelander
    Die Handhabung der Traumdeutung in der Psychoanalyse
    Zur Dynamik der Übertragung
    Ratschläge für den Arzt bei der psychoanalytischen Behandlung
    Zur Einleitung der Behandlung
    Erinnern, Wiederholen und Durcharbeiten
    Bemerkungen über die Übertragungsliebe
    Konstruktionen in der Analyse
    Die endliche und die unendliche Analyse

KRANKENGESCHICHTEN:

Studien über Hysterie (zusammen mit Josef Breuer) (Band 10446)
Einleitung von Stavros Mentzos

Bruchstück einer Hysterie-Analyse (Band 10447)
Nachwort von Stavros Mentzos

Sigmund Freud · Werke im Taschenbuch (Gesamtübersicht)

Analyse der Phobie eines fünfjährigen Knaben (Band 10448)
(Inklusive Nachschrift)
Einleitung von Veronica Mächtlinger
Im Anhang: Vorwort 1979 von Anna Freud

Zwei Krankengeschichten (Band 10449)
Einleitung von Carl Nedelmann
    Bemerkungen über einen Fall von Zwangsneurose
    Aus der Geschichte einer infantilen Neurose

Zwei Fallberichte (Band 10450)
Einleitung von Mario Erdheim
    Psychoanalytische Bemerkungen über einen autobiographisch beschriebenen
    Fall von Paranoia (Dementia paranoides) (inklusive Nachtrag)
    Eine Teufelsneurose im siebzehnten Jahrhundert

KULTURTHEORETISCHE SCHRIFTEN:

Totem und Tabu (Band 10451)
Einige Übereinstimmungen im Seelenleben der Wilden und
der Neurotiker
Einleitung von Mario Erdheim

Massenpsychologie und Ich-Analyse / Die Zukunft einer Illusion (Band 10452)
Einleitung von Reimut Reiche

Das Unbehagen in der Kultur (Band 10453)
Und andere kulturtheoretische Schriften
Einleitung von Alfred Lorenzer und Bernard Görlich
    Das Unbehagen in der Kultur
    Die »kulturelle« Sexualmoral und die moderne Nervosität
    Zeitgemäßes über Krieg und Tod
    Warum Krieg?

Der Mann Moses und die monotheistische Religion (Band 10454)
Und andere religionspsychologische Schriften
Herausgegeben und eingeleitet von Ilse Grubrich-Simitis
    Der Mann Moses und die monotheistische Religion
    Der Mann Moses; Ein historischer Roman (Erstfassung)
    Zwangshandlungen und Religionsübungen
    Vorrede zu ›Probleme der Religionspsychologie‹ von Theodor Reik
    Zur Gewinnung des Feuers

Anhang

ÜBER KUNST UND KÜNSTLER:

Der Wahn und die Träume in W. Jensens ›Gradiva‹ (Band 10455)
(Inklusive Nachtrag)
Mit der Erzählung von Wilhelm Jensen
und Sigmund Freuds Randbemerkungen
Herausgegeben und eingeleitet von Bernd Urban

Der Moses des Michelangelo (Band 10456)
Schriften über Kunst und Künstler
Einleitung von Peter Gay
    Psychopathische Personen auf der Bühne
    Der Dichter und das Phantasieren
    Das Motiv der Kästchenwahl
    Der Moses des Michelangelo (inklusive Nachtrag)
    Vergänglichkeit
    Einige Charaktertypen aus der psychoanalytischen Arbeit
    Eine Kindheitserinnerung aus ›Dichtung und Wahrheit‹
    Das Unheimliche
    Dostojewski und die Vatertötung
    Goethe-Preis

Eine Kindheitserinnerung des Leonardo da Vinci (Band 10457)
Einleitung von Janine Chasseguet-Smirgel

VORANALYTISCHE SCHRIFTEN:

Schriften über Kokain (Band 10458)
Aufgrund der Vorarbeiten von Paul Vogel
herausgegeben und eingeleitet von Albrecht Hirschmüller
    Über Coca (inklusive Nachträge)
    Beitrag zur Kenntnis der Cocawirkung
    Über die Allgemeinwirkung des Cocains
    Gutachten über das Parke Cocain
    Bemerkungen über Cocainsucht und Cocainfurcht
    Im Anhang: Cocaine

Zur Auffassung der Aphasien (Band 10459)
Eine kritische Studie
Herausgegeben von Paul Vogel
Bearbeitet von Ingeborg Meyer-Palmedo
Einleitung von Wolfgang Leuschner

Freud
Fundamente

Die Traumdeutung
Drei Abhandlungen zur Sexualtheorie
Vorlesungen zur Einführung in die Psychoanalyse
Drei Bände in Kassette. 1312 Seiten. Geb.

Als Freud von seinem Biographen Ernest Jones einmal gefragt wurde, welches seine Lieblingsbücher unter den eigenen Schriften seien, wies er im Buchregal auf die *Traumdeutung* und die *Drei Abhandlungen zur Sexualtheorie*, seine beiden revolutionärsten Werke. In Verbindung mit den *Vorlesungen zur Einführung in die Psychoanalyse* legt der Verlag diese fundamentalen Texte in einer modernen, preiswerten Kassette vor – zum Abschluß der ersten 100 Jahre Psychoanalyse und zugleich des 20. Jahrhunderts, das gelegentlich das Jahrhundert Freuds genannt wird.

Der Text der drei Freud-Bände wurde aus der Serie *Sigmund Freud – Werke im Taschenbuch*, herausgegeben von Ilse Grubrich-Simitis, redigiert von Ingeborg Meyer-Palmedo, übernommen. Ebenfalls übernommen wurden die Begleittexte von Hermann Beland, Reimut Reiche und Peter Gay, die den Bezug zur Gegenwartsforschung herstellen.

S. Fischer

Sigmund Freud
Gesammelte Werke · Nachtragsband
Texte aus den Jahren 1885 bis 1938

Herausgegeben von Angela Richards
unter Mitwirkung von Ilse Grubrich-Simitis
Mit 5 Abbildungen und 5 Faksimiles, Bibliographie,
Namen- und Sachregistern
Leinen. 905 Seiten

Die siebzehn Textbände der *Gesammelten Werke* Sigmund Freuds, der bisher umfassendsten Edition des Œuvres in der Originalsprache, sind zuerst zwischen 1940 und 1952 in Freuds Londoner Exilverlag erschienen, ehe S. Fischer sie 1960 übernahm. Aus verschiedenen Gründen fehlten gleichwohl wichtige Stücke des psychologisch-psychoanalytischen Werks. Einige Beispiele: die Beiträge Josef Breuers zu den ›Studien über Hysterie‹ (auf Freuds eigenen Wunsch); der frühe ›Entwurf einer Psychologie‹ (posthum zunächst im Rahmen der Fließ-Briefe veröffentlicht); die aufschlußreichen Notizen aus der Behandlung des als »Rattenmann« bekanntgewordenen Patienten (erstmals in den fünfziger Jahren erschlossen); der erst 1983 entdeckte Entwurf der zwölften metapsychologischen Abhandlung. Diese und viele andere Stücke, vor allem aus der Pionierzeit der Psychoanalyse, sammelt der mit umfangreichen editorischen Kommentaren ausgestattete *Nachtragsband* – ein Quellenwerk ersten Ranges.

S. Fischer

Freud-Bibliographie mit Werkkonkordanz

Bearbeitet von
Ingeborg Meyer-Palmedo und Gerhard Fichtner
Zweite, verbesserte und erweiterte Auflage
Kartoniert. 296 Seiten

Die *Freud-Bibliographie mit Werkkonkordanz* war 1989 in erster Auflage erschienen; sie ersetzte die frühere, der *Studienausgabe* der Werke Freuds angegliederte Broschüre *Sigmund Freud-Konkordanz und -Gesamtbibliographie*. Längst hat sich dieses Nachschlagewerk im In- und Ausland als unentbehrliches Hilfsmittel durchgesetzt.

In der 1999 erschienenen, grundlegend überarbeiteten und erweiterten Neuauflage umfaßt der bibliographische Abschnitt alle bis dahin veröffentlichten Schriften Freuds einschließlich Rezensionen, Lexikonartikel, Krankengeschichten – insbesondere aus Freuds voranalytischer Zeit – sowie Teilpublikationen. Ferner sind alle bis zu diesem Zeitpunkt veröffentlichten und den Bearbeitern bekanntgewordenen Äußerungen Freuds enthalten. Unter den neu hinzugekommenen Eintragungen nehmen die Briefe und Briefauszüge den größten Raum ein. Einbezogen in die Bibliographie sind nun auch die Bände von *Sigmund Freud – Werke im Taschenbuch*.

Überdies wurde dem alphabetischen Werkverzeichnis noch ein Index der Namen, ein Verzeichnis der Briefempfänger sowie ein Schlagwortverzeichnis hinzugefügt, was die Brauchbarkeit des Handbuchs erhöht. Die Konkordanz ermöglicht den genauen und raschen Seitenvergleich zwischen den nicht nur im deutschen, sondern auch im angloamerikanischen Sprachbereich am häufigsten verwendeten Freud-Ausgaben – den *Gesammelten Werken*, der *Studienausgabe* und der *Standard Edition*.

Bei der Zusammenstellung der derzeit umfassendsten Freud-Bibliographie konnte auf die jahrelangen Recherchen des Tübinger Medizinhistorikers Gerhard Fichtner zurückgegriffen werden, der die Datensammlung konsequent weiterführt.

S. Fischer

Sigmund Freud
Das Motiv der Kästchenwahl
Faksimileausgabe

Mit einem Nachwort von Heinz Politzer
Herausgegeben von Ilse Grubrich-Simitis
64 Seiten und 16 Seiten Transkription. Einmalige Auflage 1977

»Zwei Szenen aus Shakespeare, eine heitere und eine tragische, haben mir kürzlich den Anlaß zu einer kleinen Problemstellung und Lösung gegeben.« Mit diesem einfachen Satz beginnt Freud seinen meisterhaften literarischen Essay, der hiermit als vollständiges Faksimile vorliegt. Die heitere Szene ist die Wahl der Freier der Porzia zwischen drei Kästchen im ›Kaufmann von Venedig‹, die tragische die Szene im ›König Lear‹, in der Lear das Reich unter seine drei Töchter aufteilt. Die Porzia-Szene gab dem Essay den Titel, den Schwerpunkt aber legt Freud auf die Problematik des Lear. Was haben die drei Frauen zu bedeuten, zwischen denen er zu wählen hat? Und warum muß die Wahl auf die dritte, die Cordelia, fallen? Um diese Frage zu beantworten, verläßt Freud die Dichtung und zeigt die Verankerung der Dreierwahl im Mythos. Was haben Menschen ganz verschiedener Kulturkreise mit diesem Motiv zu bewältigen, zu verbergen versucht? In einer Serie von Deutungsschritten, in der Freud Mythos und Dichtung nach psychischen Abwehrmechanismen abklopft, gibt er die Lösung: Es geht um die Auseinandersetzung mit dem Tod. Was als Naturgesetz jedes Menschen Leben beendet, wird zur »Wahl« verharmlost, was der Tod bzw. die Todesgöttin ist, erscheint als die begehrenswerteste Frau, die Liebesgöttin. Doch Shakespeare hebt am Ende des ›Lear‹ die Entstellung auf. Und Freud schließt: »Ewige Weisheit im Gewande des uralten Mythos rät dem alten Manne, der Liebe zu entsagen, den Tod zu wählen, sich mit der Notwendigkeit des Sterbens zu befreunden.«
In seinem Nachwort untersucht Heinz Politzer den biographischen Hintergrund für die Entstehung der Arbeit. – Das Faksimile ist, mehrfarbig, im Originalformat der von Freud benutzten großen Bogen reproduziert. Die Edition enthält ferner eine Transkription von Ingeborg Meyer-Palmedo sowie Hinweise von Ilse Grubrich-Simitis auf Freuds Schreibgewohnheiten.

S. Fischer

Sigmund Freud
Jugendbriefe an Eduard Silberstein 1871 – 1881

Herausgegeben von Walter Boehlich
Mit Faksimiles, 15 Kunstdruck-Abbildungen und einem Anhang
(u. a. mit einem Gedichtentwurf Freuds, biographischen Notizen über
Eduard Silberstein von R. Vieyra, Briefregister, Namenregister)
Leinen. 280 Seiten

»Wir setzen in unseren Briefen die 6 prosaisch-ehernen Arbeitstage in das reine Gold der Poesie um und werden vielleicht finden, daß man in sich selbst und dem, was um uns bleibt und wechselt, Interessantes genug finden kann, wenn man nur darauf zu achten sich gewöhnt.«
Freud an Eduard Silberstein am 4. September 1874

Die Briefe des Gymnasiasten und Studenten Sigmund Freud an seinen Jugendfreund Eduard Silberstein sind das einzige überlieferte umfangreiche Selbstzeugnis aus den prägenden frühen Bildungsjahren des Begründers der Psychoanalyse. Sie sind in ihrem Sprachzauber eine literarische Kostbarkeit. Zugleich dokumentieren sie eine typische jüdische Wiener Jugend im 19. Jahrhundert. Von Anfang an tragen diese Dokumente unverkennbar die Handschrift des großen intellektuellen Neuerers. Freuds Originalität tritt besonders schön hervor, wenn er aus dem Anschauen der ihn umgebenden Menschen – in zahllosen meisterlichen Miniaturen festgehalten –, vor allem aber aus rigoroser Selbstbeobachtung »Rezepte« für seine »kleine psychologische Hausapotheke« gewinnt und dabei jenes Wahrnehmungsinstrument schärft, welches später die systematische Entdeckung des Unbewußten ermöglicht und damit eine Revolution im Menschenbild des 20. Jahrhunderts bewirkt hat.

S. Fischer

Sigmund Freud
Briefe an Wilhelm Fließ 1887 – 1904
Ungekürzte Ausgabe

Herausgegeben von Jeffrey Moussaieff Masson
Bearbeitung der deutschen Fassung von Michael Schröter
Transkription von Gerhard Fichtner
Mit zahlreichen Abbildungen und Faksimiles
Zweite Auflage, mit Errata und Addenda, 1999
Leinen. XXXII + 613 Seiten

»Ganz ohne Publikum kann ich nicht schreiben, kann mir aber ganz gut gefallen lassen, daß ich es nur für Dich schreibe.«
Freud an Wilhelm Fließ am 18. Mai 1898

Sigmund Freuds Briefe an seinen nahen Freund Wilhelm Fließ, den Berliner Hals-Nasen-Ohrenarzt und Biologen, hier erstmals ohne Kürzung veröffentlicht, sind das bewegende tagebuchartige Protokoll der tiefen wissenschaftlichen und persönlichen Krise, aus der Freud, von der akademischen Welt isoliert, in den neunziger Jahren des neunzehnten Jahrhunderts das Paradigma der Psychoanalyse entwickelte. Der Leser kann gleichsam die Geburt eines Ideensystems miterleben, welches wie kaum ein zweites das Denken unserer Zeit geprägt, das Wissen des Menschen über sich selbst von Grund aus revolutioniert hat.

Der grundlegende »Entwurf einer Psychologie« von 1895, der in der inzwischen vergriffenen Auswahl der Briefe, *Aus den Anfängen der Psychoanalyse*, mitabgedruckt war, ist in dem 1987 erschienenen Nachtragsband zu Sigmund Freuds *Gesammelten Werken* wieder zugänglich gemacht worden.

S. Fischer

Sigmund Freud/Ernest Jones
Briefwechsel 1908 – 1939
Ungekürzte Ausgabe

Zwei Bände im Schuber:

Band I: *The Complete Correspondence of Sigmund Freud and Ernest Jones 1908–1939*
Herausgegeben von R. Andrew Paskauskas
Einleitung von Riccardo Steiner. Harvard University Press
Leinen. 836 Seiten + 50 Seiten Einleitung

Band II: *Briefwechsel Sigmund Freud/Ernest Jones 1908-1939*
Originalwortlaut der in Deutsch verfaßten Briefe Freuds
Transkription und editorische
Bearbeitung von Ingeborg Meyer-Palmedo. S. Fischer
Broschur. 109 Seiten. Mit einem Faksimile

Diese mehr als drei Jahrzehnte umspannende Korrespondenz gehört zu den großen Freud-Briefwechseln. Der Waliser Ernest Jones, später berühmter Freud-Biograph, zählte zum engsten Kreis um den Begründer der Psychoanalyse. Die Ausbreitung der Freudschen Lehre im angloamerikanischen Bereich vollzog sich unter seiner strategischen Regie. Doch ist im Briefwechsel keineswegs nur von Organisatorischem die Rede. Er enthält eine Fülle grundlegender theoretischer Diskussionen, z. B. über die weibliche Sexualität und die Todestriebhypothese, ferner faszinierende Portraits jener bunten Gestalten der intellektuellen psychoanalytischen Avantgarde sowie Kommentare zu den politischen Umbrüchen des Zeitalters – eine kulturgeschichtliche Quelle ersten Ranges.

Ein Großteil der Briefe wurde in englischer Sprache verfaßt, auch von Freud. Um diesen Originalwortlaut zu bewahren, hat der S. Fischer Verlag, als Band I, die englischsprachige Edition übernommen; er vertreibt sie exklusiv auf dem deutschsprachigen Buchmarkt. In einem zusätzlichen Band II wurde der Originaltext jener Briefe und Karten hinzugefügt, welche Freud in deutscher Sprache verfaßte.

S. Fischer

Ilse Grubrich-Simitis
Zurück zu Freuds Texten
Stumme Dokumente sprechen machen

Der Band enthält zahlreiche Abbildungen und Faksimiles
Leinen. 399 Seiten

Das Buch, mittlerweile in mehrere Sprachen übersetzt, bahnt einen in der Freud-Forschung noch nie eingeschlagenen Weg. Es eröffnet unmittelbaren Zugang zur terra incognita der *Handschriften* Freuds und damit zum bisher verborgenen spannungsreichen Mikrokosmos seiner Kreativität. Sozusagen diesseits von Sekundärliteratur bringt die Autorin, Psychoanalytikerin und Freud-Editorin, die Dokumente selbst zum Sprechen, darunter viele bisher unbekannte Originaltexte. In einer neuartigen Form authentischer Werkstattanalyse erzählt sie, wie der Begründer der Psychoanalyse als Wissenschaftler und Schriftsteller *gearbeitet* hat. Es ist, als ob das Œuvre, das ja nicht nur einen Paradigmenwechsel in den Wissenschaften vom Menschen bewirkt hat, sondern auch ein längst klassisches Exempel großer Prosa verkörpert, seine komplizierte Entstehungsgeschichte selbst erzählte.

»Ilse Grubrich-Simitis hat ein vorzügliches Buch geschrieben ... Man hat das Gefühl, an einer Freudschen Analyse teilzunehmen.«
Frankfurter Allgemeine Zeitung

»Ilse Grubrich-Simitis läßt uns einen unbekannten Freud entdecken, einen Freud, der nicht nach den aktuellen Regeln des Anti-Freudismus revidiert oder manipuliert ist, einen – im Gegensatz zu den verschiedenen psychoanalytischen Schulen – nicht-interpretierten Freud, einen in seiner Eigenständigkeit, seiner Realität und Materialität restituierten Freud, jenseits von Hagiographie und Deutungen.« *Le Monde*

»Ein hervorragender Beitrag zum wachsenden Verständnis von Freud als Denker wie als Schriftsteller... ein exzeptionell bedeutendes Buch.«
The New York Times

S. Fischer

Ilse Grubrich-Simitis
Freuds Moses-Studie als Tagtraum
Ein biographischer Essay

Der Band enthält Abbildungen und Faksimiles
Band 12230

Die Autorin hat in den letzten Jahren erstmals Freuds Handschriften erforscht. Bei diesem Studium waren ihr bestimmte Merkwürdigkeiten der Manuskriptüberlieferung von *Der Mann Moses und die monotheistische Religion* aufgefallen; auch der Drucktext des Spätwerks zeigt eine seltsame Brüchigkeit. In ihrem fesselnd geschriebenen Essay interpretiert Ilse Grubrich-Simitis die Moses-Studie als *Tagtraum*, als wunscherfüllendes Phantasieren. Das Buch sei aus einer schweren, durch die Nazi-Verfolgung ausgelösten inneren Krise hervorgegangen. Die Erfahrung hilfloser Abhängigkeit und tödlicher Bedrohung habe an eigene frühinfantile Traumatisierungen gerührt und ein regressives Geschehen in Gang gesetzt. Im Verlauf dieser späten Verstörung, die Freud selbstanalytisch und dank der rettenden Emigration zu bewältigen vermochte, habe er erstmals tiefe Einblicke in archaische Abwehrformen, insbesondere die Spaltung, gewonnen. An Dramatik sei dieser selbstkurative Vorgang mit der psychischen Krise des jungen Freud vergleichbar, die einst Ende des vergangenen Jahrhunderts den Beginn der Selbstanalyse provozierte und die Entdeckung des Unbewußten beschleunigte. Im Alter vollzog sich diese Arbeit im Dialog mit den Dichtern, mit Thomas Mann und Arnold Zweig. Sie führte Freud zu einer ihm aus der Kindheit vertrauten Vertiefung in die Tora.

»...eine immens aufschlußreiche Untersuchung, bahnbrechend in der Erforschung des Menschen und Denkers Freud.« *Peter Gay*

»...wieder und wieder glücken der Autorin anschauliche, subtile Bilder und Formulierungen von solcher Stimmigkeit, solcher Prägnanz, daß sich der Leser nicht nur mit faszinierenden Aspekten von Freuds Werk und den überraschenden Hypothesen der Autorin konfrontiert sieht, sondern zugleich eine lustvolle ästhetische Erfahrung machen kann.«
Lore Schacht

Fischer Taschenbuch Verlag

Jean Starobinski, Ilse Grubrich-Simitis, Mark Solms
Hundert Jahre ›Traumdeutung‹ von Sigmund Freud
Drei Essays

Zusammengestellt von Ilse Grubrich-Simitis
Der Band enthält zwei Faksimiles
Band 14928

Freuds Opus magnum wurde zur Millennium-Wende hundert Jahre alt. Wie der Autor selbst sagte: »Die Psychoanalyse ist sozusagen mit dem zwanzigsten Jahrhundert geboren; die Veröffentlichung, mit welcher sie als etwas Neues vor die Welt tritt, meine ›Traumdeutung‹, trägt die Jahreszahl 1900.« Die enorme Spannweite des Jahrhundertbuchs spiegelt sich in der Vielgestaltigkeit der drei Essays renommierter Freud-Forscher wider.

»Ja, die ›Traumdeutung‹ war in der Tat ein Jahrhundertbuch. Vorab ein mutiges Buch, weil Freud kein sexuelles und kein familiäres Tabu mehr gelten ließ und auch mit der Analyse von fünfzig eigenen Träumen bei aller Diskretion den autobiographischen Bezug nicht scheute. [...] Es war ein schöpferisches Buch, das den Menschen anders sehen lehrte, wahrlich nicht besser, nicht höher, sondern abgründiger, dunkler [...]. Und es war in all dem ein epochemachendes Buch, das aus dem 20. Jahrhundert das an humaner Seelenwissenschaft reichste Jahrhundert gemacht hat. [...] Jean Starobinski denkt über das Vergil-Motto Freuds nach, das den Entdecker des Unbewußten in der Rolle des trotzigen Aufklärers, des prometheischen ›Menschen in der Revolte‹ zeigt [...]. Mark Solms revidiert das inzwischen gängige Vorurteil, die Psychoanalyse harmoniere nicht mit der avancierten Neurowissenschaft, die ihr heute das Wasser abgraben soll. Und Ilse Grubrich-Simitis, die beste Kennerin der Textgeschichte des Freudschen Werkes, zeichnet detailliert und luzide die Metamorphosen der ›Traumdeutung‹ von der ersten bis zur achten Auflage nach [...]. Diese Metamorphosen zeigen den großen Arbeiter Freud, den kooperativen Pionier einer neuen Wissenschaft, der auch das Werk seiner Schüler integriert.«
Ludger Lütkehaus (Neue Zürcher Zeitung)

Fischer Taschenbuch Verlag